| CHAPTER | INDEX | PAGE |
|---|---|---|
| まえがき | | 2 |
| 第Ⅰ章　永杉喜輔論 | | 5 |
| はじめに | | 6 |
| 永杉喜輔の経歴 | | 7 |
| 永杉喜輔の教育活動 | | 12 |
| 永杉喜輔の教育観及び人生観 | | 29 |
| おわりに | | 36 |
| 第Ⅱ章　永杉喜輔と煙仲間 | | 39 |
| はじめに | | 40 |
| 滋賀から群馬へ―下村湖人の集いとともに | | 41 |
| 和田本次郎、大塚康平との出会い | | 55 |
| 二日会の集い | | 61 |
| おわりに | | 71 |
| 第Ⅲ章　「生活の発見会」運動と家庭教育の復権 | | 77 |
| はじめに | | 78 |
| 森田療法と「生活の発見会」運動 | | 80 |
| 永杉喜輔の家庭教育論 | | 104 |
| おわりに | | 122 |
| その後の研究状況 | | 127 |
| 参考文献 | | 136 |
| あとがき | | 149 |

# 永杉喜輔の教育思想

## 下村湖人・ルソーとともに

(渓声社提供)

野口　周一

世音社

## まえがき

　筆者が教育問題について集中して考えていた時期は、ソニー学園湘北短期大学保育学科に在職中であった。そのころ、学生と講読するテキストに松田高志著『いのち輝く子ら ─心で見る教育入門』（NPO法人くだかけ会、2006年）があった。その書籍について、ある母親から筆者宛てに読後感が送られてきた。

> 　私は自分の子どもを自主保育の幼稚園に通わせていました。この園には経営者がおらず、母親たちが交代で子どもをみたり、園の運営も母親たちの話し合いで行っていました。
> 　当然のことながら周囲には子育てに熱心な母親が多く、講演会を開催するなど、常に育児について学習する環境のなかで、私も子育てをしてきました。
> 　ところが、なぜか行動や情緒面に問題のある子どもが多く、私も「みんな熱心なのになぜだろう」と思ってきました。
> 　このたび、松田先生の「子どもの生きる場」を読んで、少し理由がわかった気がしました。熱心で教育的過ぎて、ありのままの姿の子どもを受け入れてあげるということを忘れていて、子どもにとって居心地のよい場になるという、一番基本的なことができていなかったのかもしれません。
> 　いい音楽を聴いたとき、いい絵を見たとき、「どこがいいのか、どこに感動するべきなのか」を子どもに教えようと考えるのではなく、それに触れて心から感動している親の姿を見せることが大切なんだ、とこの一編を読んで感じました。

　この母親は、「教育的過ぎて、ありのままの姿のこどもを受け入れてあげるということを忘れていて」と、よく気がついたものである。

　筆者が、高校1年生のときに出会った永杉喜輔（明治42年－平成20年／1909年－2008年）は、下村湖人と寝食をともにしつつ学び、後年ルソー

の『エミール』を翻訳するなど、群馬大学を中心に教育社会学を講じ社会教育指導者の養成に生涯を捧げた人物であった。

その永杉は、湖人の『次郎物語』を読み解き、「教育をしすぎてはいけない」ことを説き続けてきたのであった。

最近、佐藤優氏は「ビジネスパーソンの教養講座」と銘打った「名著、再び」を連載している。その第54回は、グローバル時代の対応には「型」を大事にする「古い教育」が効果的だった！として、齋藤孝著『新しい学力』（岩波新書、2016年）を取り上げた（『週刊現代』2017年10月14・21日合併号）。これも永杉の持論であった。

かつて、永杉は「その話は『次郎物語』に終始している」とか「過去の人」であると喧伝された時期があった。それを払拭し、かついかに優れた教育者であったかということを伝えようと、筆者は永杉について論じたことがある。本書は下記の3編をまとめたものである。なお、本文中において人物に付した在職の肩書きや年齢等は著作発行年当時のままにしてある。

1 「永杉喜輔論 ―その人と思想」（高崎経済大学附属産業研究所編『群馬・地域文化の諸相 ―その濫觴と興隆』所収、日本経済評論社、1992年）
2 「永杉喜輔と煙仲間」（高崎経済大学附属産業研究所編『群馬に見る人・自然・思想 ―生成と共生の世界』所収、日本経済評論社、1995年）
3 「『生活の発見会』運動と家庭教育の復権 ―永杉喜輔の家庭教育論の意図するもの」（高崎経済大学附属産業研究所編『近代群馬の民衆思想―経世済民の系譜』所収、日本経済評論社、2004年）

本書の目的は、永杉が単なる教育学者ではなく行動の人であり、「教育界の特殊用語は教育界の方言」と喝破していたことを示し、さらにその後の研究の進展を述べることにより、永杉の教育思想家としての軌跡を明らかにすることにある。また永杉が過去から現在及び未来をどのように照射してきたかについて、読者諸兄とともに考えていくことにより、混迷の現代を生き抜く縁(よすが)としたい。

【語句解説】
　「教育用語は教育界の方言」
　この言葉は、「教育界の方言」(『月刊公民館』昭和36年6月号／『永杉喜輔著作集』第8巻に再録)で表明された永杉の年来の持論である。

　「任運騰々(にんうんとうとう)」
　本扉掲載の写真は、永杉の読書会での風景である。背後の黒板に記された「任運騰々」という言葉については、通例「運命に任せつつ、しかし勢いよく生きる」と解釈されるが、永杉は次のように解説していて妙味がある。

　　風にさからって落葉を掃いても落葉は散らかるだけだ。書斎に入って原稿を書いていたら風が止んだ。庭に出てみると、風が吹きだまりに落葉を集めてくれている。それを掃きとったらすみずみまできれいになった。
　　満員電車に乗るのに行列している。それをかき分けて乗るわけにはゆかない。並んでいたら、うしろから来た人が押してくれて、しぜんに乗れた。そのとき、足だけはしっかりホームを踏んでいないとひっくり返る。
　　「任運騰々」という字を見ると何かむずかしいことのようだが、日常みんなやっていることで、それに気がつくかつかないかの違いである。
　(『煙仲間』1992年11月号／『凡人の道』に再録)

# 第Ⅰ章

## 永杉喜輔論 —その人と思想—

著者（左）と永杉喜輔
平成8年1月28日撮影

# はじめに

　平成3年（1991）10月24日付『朝日新聞』「群馬版」は、勢多郡東村神戸の詩画作家、星野富弘さんが描いた「うさぎとかめ」の作品を原画としたふるさと切手（62円）800万枚が23日、東京を除く関東地区と山梨県で関東郵政局から発行された、ことを報じている。同記事は、「うさぎとかめ」は、東村出身の童謡、唱歌作家石原和三郎が作詞した童謡で、これを題材とした星野さんの作品は、カメと競争していたウサギが、途中の丘の上で昼寝をしているわきを、カメが懸命に走り抜けようとしている光景を描いた、ことも報じている。

　さて、本稿で論じようとしている永杉喜輔（ながすぎきすけ）は、昭和46年（1971）1月1日発行の『生活の発見』1月号、「新春漫筆」で、森田療法で著名な精神医学者・森田正馬（まさたけ）の「独創」性について言及したあとで、つぎのように述べている。

　　わたしにあるのは独走ぐらいのもので、それも自分では走っているつもりですが、その実は、きっと、のそりのそりと人のあとをついていっているのでしょう。
　　　モシモシカメヨカメサンヨ
　　　ドッチガサキヲハシロウト
　　　ユキツクサキハオンナジヤ
　　こんなニセ歌を作って、みずから慰めております。
　　これはわたしが満60になったとき、ふっと出た歌です。どこで出たかというと、モシモシカメヨの作詞者はわたしのつとめる群馬大学の前身の群馬師範の昔々の卒業生で、それを記念して、校門をはいったところに胸像があるのです。その胸像の前に立って、しあわせそうなその作者の顔を見ていたら、ふっとそのニセ歌が出てきたのでした。

　ここで触れられているように、群馬大学において、永杉喜輔は昭和24

年（1949）8月より同50年3月まで、教育社会学・社会教育を講じたのである。そして、大学内にとどまることなく、請われればどこまでも出かけ、各地の大学・講演会・学習会などで、倦むことなくいまにいたるまで教育を、社会を、そして人生を語りつづけている。

永杉と出会った人々のなかには、その人柄にひかれた「永杉ファン」なる存在がある。筆者はといえば、いまをさる25年前 ―高校1年生のときに出会い、その後離れたり近づいたりしてきた。また、その一方で、永杉には以前から「その話は下村湖人の『次郎物語』に終始している」という批判があり、最近は「過去の人である」という評言をも耳にする。

果たしてそうなのであろうか。その点を検討するにあたり、永杉はどのように「ユキツクサキ」を見据え、どのように「いま」を歩みつつあるのであろうか。本稿の目的もそこにあるわけで、まずはその人と思想を論ずることにある。

なお、『永杉喜輔著作集』全10巻（国土社、昭和49～50年）の巻末に収録されている村山輝吉（駒沢大学教授）、萩原元昭（群馬大学教授）による解説は、凝縮された永杉論ともいえる。[補1]

## 永杉喜輔の経歴

永杉の経歴については、永杉みずから『初心忘れ得ず』（永杉先生退官論文集刊行会、昭和49年）に、さらに『永杉喜輔著作集』第10巻、『生涯教育自分史の試み』（小林出版、平成元年）に、それぞれ「自伝的年譜」として覚書をものしている。

ここでは、筆者なりの視点により、それらを用いてその経歴を整理していくことにする。

明治42年（1909）10月26日、熊本県玉名郡大原村（現南関町）に生まれる。父一二は農家に養子、もと大工で慣れない農業に苦労したという。喜輔との命名は、村の山寺、善光寺（曹洞宗）の和尚、庄部童竜によるが、永杉は幼児期この和尚が大好きであり、よくその後をついて歩いた。後年、永杉は曹洞宗の宗門雑誌に寄稿もし、澤木興道とその高弟・内山興正に傾倒もしているが、その素地はこのころ培われたものといえ

よう。

　大正5年（1916）、大原尋常高等小学校入学。

　同11年（1922）、福岡県立福岡中学校入学、福岡在住の伯父の勧めによるものであった。

　同13年（1924）、中学3年のとき、古賀胃腸病院院長の建てた晩翠寮に、その長男との交友により入寮、10人ほどの友人と生活をともにする。その寮長が川越惣市であった。川越は、広島高等師範学校を出て佐賀県立唐津中学校に勤務、そのときの校長が下村虎六郎、のちの下村湖人であった。大学卒業時、永杉はその川越により湖人と引き合わせられることになるのであり、川越を中心とする晩翠寮の交友もいまにいたる。

　昭和3年（1928）、第五高等学校に入学。1年の浪人の間に、倉田百三、光瀬俊明（倉田百三の弟子、雑誌『生活者』編集）、高橋元吉（詩人、萩原朔太郎賞受賞）のものを愛読。

　同5年（1930）、中学以来続けてきたサッカーで主将となり、一方賀川豊彦にも心酔する。

　同6年（1931）、京都帝国大学文学部哲学科入学、若き西谷啓治の人柄、学識に傾倒。いろいろ悩んだすえ、ルソーにひかれ教育哲学専攻と決める。

　同7年（1932）、小西重直のもとで教育哲学専攻。

　同8年（1933）、小西が総長になるにおよび、やがて西田幾多郎門下の逸材とうたわれた木村素衛が来任、かれにも私淑する。

　同9年（1934）、卒論提出（テーマ「教育とは何か」、[1]「大上段にふりかぶった論文で太刀がカラ振りに終わった感あり」とある。未曽有の就職難時代であったことから、川越の勧めで日本青年館の社会教育研究生に応募、採用されるや小金井の青年団講習所に入所した。その状況を、永杉は「所長は当時無名の下村湖人、20数名の小学校出の青年団員たちと長期間合宿、便所掃除からはじめる」と簡明に記している。この時の青年館理事長が後藤文夫（当時農林大臣）、常任理事が田澤義鋪であった。

　同10年（1935）、滋賀県社会教育主事補となる。前任者のはじめた夜学・滋賀学院を引き継ぎ、「教務主任兼用務員の役」をする。また、青年団まわりや、月刊『滋賀県社会教育』（社会教育課発行）の編集で多忙と

なる。

　同 12 年（1937）11 月から 12 月にかけて、北「満州」に青少年義勇軍入植予定地を視察、満州の実情を知るにいたる 。[(2)]

　同 14 年（1939）満蒙開拓青少年義勇軍の勧誘の仕事が当てがわれたものの、その気になれず滋賀県女子師範学校教諭兼舎監に転出。

　同 16 年（1941）、付属小学校主事となる。

　同 18 年（1943）、大津郊外の農村にある滋賀小学校を第二付属として、生徒の教育実習に社会教育実習を加えたものの、失敗に終わる。

　同 22 年（1947）、滋賀県教育民政部社会教育課長となり社会教育課を創設、学務課も兼務。県庁内で威勢を振るっていた軍政部と対立、そこに介在する「悪通訳」と戦い、軍司令部上層部へ単独告発を行うものの、「社会教育課長を免ず、知事官房付事務官を命ず」という、いわば出勤停止命令が出され、また進駐軍誹謗罪という罪名を着せられ検事局で訊問をうける。姫野誠二（群馬県立沼田中学校教諭を経て当時滋賀師範学校教諭）、ウィリアム＝ボーリス（メンソレータム会社創立者）、丹羽吉夫（当時毎日新聞大津支局長）などの擁護により、その危機を乗り切る。12 月 1 日退職、上京して下村湖人と雑誌『新風土』の創刊準備にとりかかる。同時に、家族を大津からよび練馬の高台にバラックを建てて住み、農業をやる。永杉、38 歳のときである。

　同 23 年（1948）、『新風土』創刊号刊行、長谷川如是閑、安倍能成、天野貞祐、高田保馬などが執筆、5000 部印刷。しかし、号をかさねていくうちに先細りとなり、資金もしだいに枯渇していく。永杉自身は、雑誌発行のすべてを体験し、創るよろこびを味わうが、家族は貧乏をきわめる。

　同 24 年（1949）、湖人病臥、やがて資金難のため休刊、失業する。その後の状況を、永杉は 8 月にいたり「幸運にも群馬大学学芸学部に拾われ助教授となる」、そして「久しぶりの月給に家内涙を流す」と記す。

　同 27 年（1952）、群馬県社会教育委員となる（現在に至る）。

　同 28 年（1953）、文部省内地研究員として、東大で勤労青年教育史の研究を行う。しかし、「健康すぐれず、たまにしか行かなかった」とある。

　同 29 年（1954）、はじめての著書『教育社会学』上・下（玉川大学通

信教育部）刊行。

　同30年（1955）、前橋市社会教育委員、同公民館運営審議会委員となる。この4月20日、湖人没す。

　同31年（1956）、小金井の浴恩館に下村湖人歌碑を新風土同人で建設。加藤善徳（当時日本点字図書館理事）と『下村湖人全集』の編集にとりかかる。また、五高以来の友人、水谷啓二（当時共同通信論説委員）を主幹として雑誌『生活の発見』創刊、編集同人となり、それに「下村湖人伝」の連載をはじめる。

　同32年（1957）群馬大学教授に昇任、日本社会教育学会理事にも選出される。『下村湖人全集』全18巻（池田書店）刊行。

　同33年（1958）、前橋から大宮に引っ越す。その後、「往復4時間の前橋通勤が唯一の自分の時間で読書、原稿、手紙はほとんど車中」となる。この年より、高崎経済大学の兼任講師（58年3月まで）となる。

　同34年（1959）、ルソーの『エミール』の翻訳を押村譲（当時早稲田大学教授）宮本文好（のち白百合女子大学教授）とはじめる。50歳のときである。

　同35年（1960）、総理府青少年問題協議会専門委員となり、青年海外派遣米国班団長として渡米。

　同36年（1961）、文部省社会教育審議会委員となり、成人教育を担当。なお、永杉は「この年の講演回数73回、全国的となる」と記す。

　同37年（1962）、厚生省中央児童福祉審議会委員となる。

　同38年（1963）、文部省家庭教育専門研究委員、文部省社会教育審議会委員（青少年教育担当）、国立中央青年の家運営委員などをつとめ、「東奔西走をつづける」。また、寒河江善秋（戦後の青年運動家）らと日本青年問題研究会を設立し、その会長となり月刊誌『煙仲間』[補2]を刊行（この年7月号より翌年3月号まで）。この年の講演109回となり、100回を越える。

　同39年（1964）、群馬大学で日本社会教育学会全国大会を開催．『生活の発見』に連載していた「下村湖人伝」を、『下村湖人 ―その人と作品― 』として講談社より出版。また、この年の著述に、『群馬県選挙管理委員会会報』に「田澤義鋪と公明選挙運動」、月刊誌『公民館』に「指

導者がまず自治の感覚を」がある。

　同 40 年(1965)『エミール』の翻訳は叢書『世界教育宝典』の一冊として刊行(玉川大学出版部)。群馬大学教養部教授を併任し、1 年生に「教育とは何か」をその『エミール』をテキストに講義。日本社会教育学会会長に選出される。

　同 41 年(1966)、日本青年館理事となる。ＮＨＫラジオ『人生読本』で、「生きるということ」を放送。この年、民主教育協会より『青年の父田澤義鋪』刊行。

　同 42 年(1967)、藤原英夫と共編『社会教育概説』を協同出版より、加藤善徳らと共編『田澤義鋪選集』を財団法人田澤義鋪記念会より刊行。

　同 43 年(1968)、親友糸賀一雄(当時近江学園園長)講演中に倒れ、そのまま逝去、その講演のテープを『愛と共感の教育』として、柏樹社より刊行。編著『教育社会学』(協同出版)を出版。ＮＨＫラジオ『人生読本』で「私の論語」を放送。この年の講演回数 246 回にのぼる。

　同 44 年(1969)、学園紛争がおこり、6 月、大学に機動隊導入。8 月、社会教育委員功労者として、文部大臣より感謝状と銀盃、副賞として群馬県教育長よりトロフィーを受ける。下村湖人の生地(佐賀県千代田町)で、下村湖人生家保存会発会式が催され、その記念講演を行う。

　同 45 年(1970)、オリンピック記念青少年総合センター運営委員となる。この年『下村湖人伝 ―次郎物語のモデル― 』(柏樹社) 刊行。

　同 46 年(1971)、国立赤城青年の家開所、その運営委員会議議長をつとめる、また同所にて群馬大学主催社会教育主事講習をはじめる(群馬、埼玉、新潟、長野の各県から計 120 名、40 日間)。『見栄 ―人生の落とし穴― 』(柏樹社) 刊行。

　同 47 年(1972)、群馬県社会教育委員会議議長をつとめる。『親と教師のための次郎物語』(柏樹社) 刊行、この年の『青年』5 月号から 7 月号に「かくれた青年指導者たち」を連載。

　同 48 年(1973)、7 月、国立赤城青年の家で社会教育主事講習はじまる。12 月、群馬県青年洋上大学主任講師として、フィリピン、ホンコンに向かう。『子どもに学ぶ家庭教育』(柏樹社) 刊行。

　同 49 年(1974)、退官に先立ち『初心忘れ得ず』刊行。『永杉喜輔著作

集』全10巻（国土社）刊行開始。恒例の社会教育主事講習。群馬大学で日本社会教育学会全国大会を行う。

　この年をもって、「自伝的年譜」は終わる。しかし、永杉の歩みはいまもって続いているので、以下聞き書きにより構成していく。
　昭和50年（1975）、群馬大学退官、女子聖学院短期大学教授となる。群馬県明るい選挙推進協会会長（60年まで）。『下村湖人全集』【決定版】全10巻（国土社）刊行開始。
　同53年（1978）、群馬県知事賞を受ける。
　同54年（1979）、文部大臣より社会教育30周年表彰を受ける。
　同55年（1980）、自治大臣賞を受ける。
　同56年（1981）、『家庭のなかの父親』（国土社）刊行。勲三等旭日中綬章を受ける。
　同57年（1982）、『社会教育の原点をさぐる』（国土社）刊行。自治大臣特別功労賞を受ける。
　同62年（1987）、修養団蓮沼門三社会教育奨励賞を受ける。
　最後に、蛇足の感なきにしもあらずだが、付言しておく。この一覧は永杉を顕彰するためのものではない。本稿の目的にそって、永杉がどのように歩んできたか、またどのように政府、あるいは地方自治体などにかかわってきたかをも示すものである。

## 永杉喜輔の教育活動

　永杉の教育観を考察するにあたっては、その歩みを検証することによって、まず永杉がどのように生きてきたかを見ていかなくてはならない。前章からもわかるように、例えば幼児期より大学在学期までを見ても、庄部童竜、川越惣市、小西重直、西谷啓治、木村素衛などの人々に出会っている。
　しかし、永杉の生き方に大きな ―「決定的な」と表現してもよいであろう― 影響を与えた人物としては、下村湖人と田澤義鋪である。その両者については、永杉も折々書き、また「伝」もものしている。

本稿においても、まずそこから説きおこし、ついでその教育活動をとりあげたい。そして、ここでできるだけ永杉みずからの言葉による事例を積み上げていくことにする。

(1) 下村湖人との出会い

　前章の昭和9年の項にあるように、永杉は日本青年館の社会教育研究生として、湖人と接するようになる。

　ここで、湖人について、手近にある『朝日人物事典』(朝日新聞社、平成2年) を紐解いてみよう。ここには、「小説家、教育家。佐賀県生まれ。1909 (明治42) 年東大英文科卒。本名・虎六郎。学生時代に雑誌『帝国文学』の編集委員を務める。卒業後、故郷の中学教師、校長を歴任。さらに台北高校校長に転じたが、自由主義と人間愛にみちた教育信念を貫いて台湾総督府官僚と衝突、31 (昭和6) 年辞任した。のち学校を離れ、大日本青年団講習所長など社会教育に一時専念した。36年より自伝的教養小説『次郎物語』を書き始め、多くの読者を得る。戦争中に中断を余儀なくされたが、戦後再開、第5部まで書きつがれた。(紅野謙介)」(825ページ) とあり、この記述はおおむねうなずける。

　さて、永杉が出会ったころの湖人は、その「年譜」から、昭和6年に「9月、台北高等学校校長を辞任、台湾を去る。東京都淀橋区百人町に定住。五高以来の友人田澤義鋪に協力して社会教育、とくに一般青壮年の指導に専念することにきめる。大日本連合青年団嘱託となる」、同7年に「大日本連合青年団において第1回社会教育研究生を採用、その指導主任になる」、同8年に「大日本連合青年団講習所長となる」といった状況であることがわかる。その青年団講習所での体験を、永杉はつぎのように述べている。

　　研究生というのは名ばかりで、農村青年30名とともに青年団講習所 (下村湖人の『次郎物語』の第5部に出ている「友愛塾」) にほおりこまれただけならよいが、最初に研究 (?) させられたのは便所掃除であった。
　　小金井の寒い早朝、便所のキンカクシを手をエビのようにしてふ

いた。こんなかっこうは、親には見せたくないと思ったことであった。
　それでも私には大学出という肩書がある。しかも京都哲学の名門というレッテルがある。一生便所掃除で暮らすわけはないのだ。武士は食わねど高ようじであった。
　農村青年たちとの座談会ではトクトクとして京都哲学用語を乱発して、みずからを慰めた。するとある時、湖人は私に「君はひとりごとをいっているのか、相手には通じないよ」といった。相手に通じないどころか、自分にも通じていなかったのである。読まぬ本でも読んだふりをしてカントやヘーゲルを持ち出したものである。ここに、永杉の教育観・人生観の転換の第一歩がある。
　ついで、『新風土』休刊時の永杉と湖人のやりとりに、「それからしばらくして、とうとう『新風土』をやめざるを得なくなりました。わたしは、失業してうろうろしているうちに、ふとしたことから群馬大学にひろわれることになりました。ある日、そのことを告げに先生の玄関に立ちますと、私が言いおわらぬうちに先生は、「『新風土』をどうする気かっ」とどなりました。
　しかしわたしはもうその時はハラを立てませんでした。先生の『新風土』にたいする執念のはげしさにカブトをぬいだからです。そしてわたしは自分に経営の才のないことを、この3年足らずでいやというほど知らされていたからでした。先生、申しわけありません、と心であやまりました。

とある。(5) 永杉は、別のところで、(6) 湖人の怒声に対して「先生が始めたのだから先生が息の根をとめて下さい」といったとあり、つづけて「『新風土』にかけた湖人の執念を思うと悲しかった。湖人のその声は今も私の耳底に残っている」と記している。その後、永杉は湖人の業績を顕彰し、全集の編集、伝記の執筆、作品の紹介・解説、記念館の設立などに全力を傾け、いわば「次郎」の成長に大きな愛情を注ぎ、育んできたといえる。

## (2) 田澤義鋪との出会い

　永杉は、田澤とは社会教育研究生のときに出会った。その田澤とはどのような人物であったのか。最も一般的な田澤の紹介を、ここでも『朝日人物事典』によると「1885.7.20～1944.11.24。官僚、政治家、青壮年団運動の指導者。佐賀県生まれ。1909（明 42）年東大法科卒。10 年内務省に入り、静岡県安倍郡郡長、明治神宮造営局書記官となり、15（大 4）年修養団第 1 回天幕講習会の開催を主唱、以後毎回講師を務めた。19 年明治神宮造営への青年団の作業奉仕を提唱し、これが青年団運動隆盛の端緒となった。20～24 年協調会常務理事として労働者教育に努める。21 年日本青年館理事、24 年新政社を創立して政治教育運動を始め、雑誌『新政』を刊行、また 25 年の大日本連合青年団の結成を指導して理事に就任。24～26 年東京市助役。25 年新日本同盟を結成、後藤文夫らと政治教育運動を推進、27（昭 2）年選挙粛正同盟会の結成を提唱し、選挙粛正運動を展開した。29 年壮年団期成同盟会を結成、33 年貴族院議員に勅選。34 年後藤文夫の後を継いで大日本連合青年団理事長に就任、青年団運動の最高指導者となった。35 年選挙粛正中央連盟常任理事、40～44 年協調会常務理事となり、大政翼賛会にも協力したが、既成政党や政治の腐敗には一貫して批判的で、42 年には翼賛政治会への加入を断った。（木坂順一郎）」（978 ページ）とある。

　田澤について、永杉の編著『社会教育概説』を用いて補足すると、つぎのようになる。「静岡県安倍郡長に赴任したが、郡民の政治に対する知識と道義の低さに驚き、青年の政治的教養の向上をめざして始めたのが、かれの青年教育で、宿泊研修、キャンプ講習等を創始し」（63 ページ）、「かれは昭和 7 年（1932）、武蔵小金井に青年団講習所を開設、青年 30 名前後との長期の塾風生活における自治訓練を通じて青年団の在り方を体得させるという指導者養成を行った。昭和 8 年からその所長に下村湖人（1884－1955）を迎え、同時に青年団の外部リーダーの養成として社会教育研究生の制度を日本青年館に設けて大学出数名を採用、その指導主任にも下村湖人を当てた。これは日本における社会教育指導者の計画的養成のはじめである。」（64 ページ）、「戦時広田内閣に内務大臣就任をこわれて辞退、昭和 15 年（1940）第 75 国会において軍部の横暴をなじ

り」(63 ページ)、「終戦前年の昭和 19 年(1944)、四国善通寺での講演で、ついに日本の敗戦を公言して倒れ、特攻隊の記事に涙しながらその地で他界した」(63 ページ)。

　永杉は、田澤からおもに地域青年団の育成及び公明選挙運動について学んだ。その一環として、永杉は『群馬大学紀要〈人文科学編〉』を用いて、

　　「明治以降 における地域青年団の成立過程」(第 6 巻第 1 号、昭和 31 年)
　　「田澤義鋪 ―社会教育史資料―」(第 15 巻第 2 号、昭和 41 年)
　　「大日本連合青年団の成立とその変貌」(第 22 巻第 12 号、昭和 47 年)
　　「日本教育のアウトサイダー ―田澤義鋪研究―」(第 23 巻第 8 号、昭和 48 年)

の 4 本の論文を書いている。

　他に田澤を論じたものとして、鶴見俊輔[7]、武田清子[8]、橋川文三[9]などのものがある。ことに武田と永杉のあいだには田澤の国家論をめぐって争点があり、筆者も別稿を企図している。ところで、社会教育学者で、社会教育史における田澤義鋪及び下村湖人の位置付けを模索しているものはごく少数にすぎない。[10]

## (3)　大学における教育活動
### 学生との交流

　まず、永杉が学生とどのように接触してきたか、ひとつの特異な例ではあるが大学紛争時の一文でそれを見ていきたい。[11]

　　　学園紛争も大学立法によって終息したかに見えたが、先日私の大学の教養部で不許可の学生大会をやるとさわぎ、その日の授業があやぶまれたが、私はともかくも授業に出てみた。すると大きな教室いっぱいに約 150 人ほどの 1 年生が出席していたが、私が壇に上る前にゲバ(造反学生を私は簡単にそうよぶことにしている)学生の一人が、学生大会勧誘の演説をしていた。その下には 4、5 名のゲバがそれを守るように立っていた。私はかまわずつかつかと壇に上り、

「君降りたまえ。ぼくはこの壇に上る権利と義務があるが君にはない」というと、ゲバは「授業も大切ですが、今日は学生大会ですから」というので「君はテニヲハを知らんな。授業もではない、授業が大切だよ」といっても聞かぬので「そこに立ってろ」と私はテキストを開き講義をはじめると聴講者の一人が立って「出ていってくれ」といった。するとゲバたちは、すごすごと出ていった。

　私は、そのまま淡々と授業をはじめた。表面は淡々とであるが、ワキの下には汗がじくじくと出ていた。3、40分何事もなく講義はつづいた。ルソーの「エミール」の解説である。そこにドアを押して、こんどは10人ほどのゲバがなだれこんだ。私が「君ら何しに来た」というと答えず、一人が演説をはじめた。むろん学生大会へのさそいである。1、2分私はそれを聞いていたが「よしわかった。希望者は学生大会に出たまえ、そして希望者だけ講義を聞きたまえ」というと、一人も立ちあがらない。するとゲバが、「君らはこの先生に強制されている」といった。すると前の方にいた学生の一人が、「ちがう、この先生は出席をとらない。ぼくは学生大会のあることを知っていた。知っていたが、この講義の方がましだと思ったから出たんだ」みんなは笑った。そこで私は、「よしわかった。勝負あった。選択の自由だけは許したまえ」というと、10人のゲバが顔を見合わせていたが、ついに「ナンセンス！」と叫んで、しぶしぶ出て行った。

　これは、永杉による手柄話ではない。現にこの場に居あわせ、学生として前述の発言をなした松浦富士夫（群馬県立伊勢崎女子高校教諭、高崎経済大学兼任講師）からも、聞いている事柄である。この話は、その前半は永杉の「教師像」であり、後半は「聴講の権利」を知る学生像、「自由」とは何か、という問題に発展していく。

## 学習意欲をもとめて

　永杉は、昭和53年（1978）2月1日付『毎日新聞』「編集者への手紙」欄に、「学制改革は、要は大学の開放である」として、つぎの一文を寄せ

ている。
　「私は小さな女子短大に勤めているが、毎年、年をとったUターンの学生を必ず数人入学させている。一人そういう学生がいると、クラスが引き締まってくる。子持ちの学生もいる。そういう志願者は成績のいかんにかかわらず入れる。やる気があるからだ。大学を、やる気のある者に開放しないで、高校以下のカリキュラムをいくらいじくっても、予備校と塾を繁盛させるのは目に見えている。」
　これから述べる話は、前述の女子短大の例ではないが、永杉にはかつてつぎのような学生がいた。それは、伊香保温泉の福善旅館主であった福田武（故人）のことである。昭和41年3月、福田は40をすぎた年齢にもかかわらず、高崎経済大学を優秀な成績で卒業した。かつて福田は旧制中学を1年でやめ、福善旅館で働きに働き、やがてカリエスが起こったが闘病に成功し、夫人の内助の功で渋川高校定時制に学んだ。当時同校教諭であった村山輝吉に特別に英語を教わり、長いことかかって、ついに高校卒の資格を得た。そのころのことであるが、永杉は福田を回想して、

　　その後、一夜を村山君に伴われて福善旅館で過ごした。そのとき福田さんは一生に一ぺん大学の門をくぐりたいといわれた。私はそれに反対した。学歴ではない、人間だと反対した。しかし考えてみると私は大学出だ。大学出には大学出のありがたさがわからない。それに福田さんは勉強が好きなのだ。私はかたわらの奥さんの意見を聞いた。福田さんが大学にかようようになったら、奥さんはどんなにか苦労だろうと思ったからである。これまでの奥さんの苦労もなみたいていではなかったろうと察したからであった。すると奥さんはいわれた。「主人は勉強が三度のご飯より好きなくらいですから、わたしはその希望をとげさしてやりたいと思います。」けなげな答えであった。福田さんはよこですまなそうな顔をされた。
　　福田さんはその年に群馬大学の教育学部と高崎経済大学を受験された。二つとも失敗された。そして高崎経済大学の聴講生になられた。聴講1年間の福田さんの成績は抜群であった。とくに哲学、宗

教学など教授をおどろかすほどの出来栄えであった。翌年の高崎経済大学の入試に見事に合格された。先生たちも聴講生のときの単位を例外としてみとめてやり、それから4年間、伊香保から高崎までバスでかよわれ、試験の時は経済大学近くにわざわざ建てられた家に泊まられた。

と、その福田の学問に接する態度、また人生に取り組む姿勢を書いている。[12]

　永杉は、このような人を実に大事にした。そして、このような人を教室や研究室に迎えることを心から喜んでいた。言い換えれば、永杉はことに人生における「まわり道」、それにより小なりとも志を立てることを重要視していたといえる。

**成績評価**について

　永杉は、群馬大学の教養部1年生に「教育とは何か」という題目で、テキストにみずから訳出した『エミール』を用いた。そして、学期末の試験をつぎのように行っていた。[13]

　　その講義をはじめるに当たって、私は次のようにいいます。「人数が多いので出席はとらない。そのかわりに、カードを目をつぶってくって、ランダムに当ててテキストを読んでもらう。一期に三度当たって返事のない者には受験資格を与えない」（ここで学生がざわめく）一人の学生が立って、「先生、たまたまその時間だけ休んだために試験が受けられないということになると、不公平ではありませんか？」「それもそうだが、人生には運というものがあるんだ、その運の練習のつもりだ」私がそう返事をすると、学生たちは笑い出します。私もつられて笑います。

　ここには、永杉の運命観、運命と自由の問題が出ている。永杉は、つづけて試験について、

「さて、君たちは試験のことを気にしているようだが、私の試験は全然気にしないがよい。私は試験はいやだ。いやだが、やることになっている。ただし、試験監督は私はしない。おまわりさんじゃないからカンニングの番はしたくない。だからカンニングしたい人はどんどんするがよい。カンニングした人は一生のソンだから、好んでソンをしたい人はするがいい。問題はいま出しておく。これだ」といって、黒板に一題だけ書きます。そして、「今期は、この問題についてテキストを参考にしてやる。君たちは、それを聞いて、君たちなりに消化して、それを答案に、時間までに書くことになる」といいます。すると、みんなけげんな顔になります。

と述べ、答案の採点基準について、つぎのような話を学生にする。

　黒板に、1　いいウンコにはA。2　ツブツブの程度によってB、C。3　下痢便はD。「この規準で、君たちが自分で採点するんだ」といいますと、ますます、けげんな顔になります。「いいね」とダメをおすと、「先生、自分でほかの人の答案と比べることができないので、点はつけられません」という学生がおります。「そりゃそうだろう。しかし、私は人間を比較する気にはなれない。世界じゅうにたった一人しかいない人間を、他と比較してもなんにもならんと思う。だから、君が自分でいいウンコをしたと思えばAをつければいいじゃないか」「先生は、それで成績を出すんですか」「ぼくはぼくなりに別に点をつけさせてもらおう。それは許してもらいたい。しかし、ぼくはぼくなりにしか採点できないのだから、君がAとつけても、ぼくはCとつけるかもしれない。結果を見て、それが不服だったら、ぼくに文句をいってきたまえ。答案を前において話し合ってみよう。そうしたら君の考えとぼくの考えのちがうことがわかるだろう。どっちが正しいかではなくて、ちがうことがわかればそれでいいんだ」「やはり先生は人と比較するんじゃありませんか」「そう、その点で比較することになるだろう。それはやむをえないと考えている。しかし、ぼくは君という人間に点をつけるのではないよ。君が試験の

時間にたまたま書いた、その答案に点をつけるのだから、人間を比較することにはならんと思う」「それはへりくつではないんですか」「そうかもしれんね。しかし、大学生としてこの程度の思考力は必要だという、おおざっぱな規準はあってもよいと考えている。それに照らして、ぼくはぼくなりに点をつけるより仕方がないと思っている」「ぼくは決して暗記は要求しない。だからノートも必ずしもせんでよい。むしろノートしなければ忘れることは、さっさと忘れるとよい。ぼくの講義を聞いて残ったカスを出してもらえばそれでよい。それがいいウンコなのだ。ぼくの講義を批判してもいいよ。スジが通っておればAをつける」「そのかわり、自分でわからんことを書いちゃいかん。自分でよく消化したと思える言葉で、自分の文章を、ぼくにわかるように書いてくれたまえ。たとえば"共産主義"といってみて、その中身がよくわからなければ使ってはいかん。"資本主義"だの"弁証法"だの"主体的"だのというのも同じだよ」「先生、そんなこといったら、なんにも書けません」「書けんなら書かなきゃいいじゃないか。むろん、それは落第だがね。─ 君らは文章はまるで書けんのかね。毎日、友だちや家の人たちと会話をしとるだろう。その言葉で書けばいいじゃないか。─ 本からの引用はいっさい許さないよ。カントがいった、ヘーゲルがいったでは意味がない、君がいうのだ、君が責任をもっていうんだ。─ 同じ答案が出たら、仲よくDだよ」学生は笑います。「安心したろう。そのかわり講義を聞くにも答案を書くにも全力投球だぞ。ぼくも無い知恵をふりしぼって全力投球するんだから」学生の顔に緊張の色があらわれます。──

ここで、永杉はひとつの問題に対して「自分の目でものを見」、「自分の頭で考える」習慣を養うことが重要であり、また「表わしえただけが自分」であることを説いている。

### (4) 永杉喜輔の「社会教育」

『群馬県史』通史編9 近代現代3（群馬県、平成2年）に、第2章「社会教育」があり、その第4節は「現代の社会教育」（執筆井上清）である。そこには、戦後の社会教育のスタートとして、「社会教育関係の基盤整備」の項に、

> （昭和24年）県は12月、「社会教育委員条例」を制定し、群馬大学学芸学部教授永杉喜輔らを委員に任命し、市町村に対しても社会教育委員の設置を要望していった。
> 　社会教育委員は、公民館運営審議会委員とともに地域住民の代表参加の社会教育の体制の中心となり、社会教育諸団体の育成、団体間の連絡調整を始め、地域の社会教育事業の活性化に対する民主的基盤組織として、重要な地位を担っていった。（416ページ）

とある。

ここで、永杉の社会教育を考察するにあたり、大学での講義はもとより、政府及び地方自治体での活動、さらにはそのような範囲に含まれない部分をもあわせて見ていかなければならない。

### 公民館とのかかわり

高崎市中央公民館の植原孝行は、みずから高崎社会教育研究会を主宰し、『語らいの杜』という手作りの雑誌を発行している。植原は、その創刊号（昭和62年）に「寺中構想 ―公民教育の振興と公民館の構想― について」と題する論文を掲載している。植原は、その冒頭で「公民館が町おこし村おこしの運動として出発するのは、一般的に昭和21年7月5日からであるといわれている。この日付で文部省が「公民館の設置運営について」という通達（文部次官通牒）を出している。これが発端となって全国津々浦々に公民館が燎原の火のようにつくられ、その活動が展開していったといわれている。」（17ページ）と述べている。

さて、永杉はその当時滋賀県社会教育課長であった。そのときのことを、永杉は『公民館』昭和63年5月号、「あの日あの時」欄に、「命と

りになった公民館」という意図をふくめた寄稿をしている。

　そこに出て来たのが公民館運動だ。いよいよ社会教育課長の出番が来た。しかも、米軍もそれに協力するという。鬼に金棒だ。米軍政部は、市内で一番よい西洋建ての医師会館をあけて公民館にせよと、副知事に命じた。私は副知事につれられて会館に行った。副知事は「即刻やれ、君の手柄になるぞ」という。その夕刻、医師会長が私の家にどなり込んで来た。私はわけを話した。会長はさっそく医師会係りの米軍に訴えたらしく、米軍の教育係りと医師会係りとのケンカになり、教育係りが負けて落着したと思ったら、教育係りがハラに据えかねて副知事に「市役所をあけて公民館にせよ」と命じた。なぜこうも米軍が公民館にこだわるか、あとでわかったが、米軍の本部から公民館建設に協力せよという指令が出て、それに忠実だと位が上るということになっていたらしい。つまり米軍の点数かせぎに公民館が使われたのだ。さて副知事は、昭和22年3月3日朝8時に市役所の物と人間を放り出してペンキをぬって公民館の看板を掲げよと、社会教育課に命じた。課員はやむなく応じたが、私は行かなかった。こうなったら、ふてくされるより方法がない。結局、副知事の陣頭指揮で米軍の言う通りになり、市役所は三井寺の山の中のバラック（県庁改築時の臨時建物）に避難し、ペンキぬりの公民館が出来、職員には軍政部で事務をやっていたつまらない男が入った。やがて、この公民館が優良公民館として文部省に表彰された。笑い話のようだが、事実である。（「公民館草創期とその前後」）

　その直後、永杉は社会教育課長を免じられたのである。つまり、「公民館事件」が永杉の「命とり」の端緒となったというのである。
　しかし、永杉は「結論からいうと、私は公民館に命をとられたが、それをとり戻して余生を保っている。同時に公民館も命をとられたが、それをとり返すのはこれからだから大変だ」(同前)と述べている。ここで、植原の見解に戻るが、植原は前掲論文の末尾に「ふとわれにかえって現

在の公民館の状況をふりかえった時、私は『生涯教育センターとしての公民館』という考え方やカルチャーセンター化した公民館の現状に嘆息を禁じえない。なぜなれば、民主的な世論の形成や公民性の涵養にこそ公民館発足時の目的があったにもかかわらず、今日の多くの公民館の活動はむしろこの点を回避しているようにみえるからである。」(21ページ)との問題提起を行っている。

　永杉は、「あらためて、公民館はなんのためにあるか。選挙をよくするためにある。ここをはずしたら公民館は公眠館か、なにかやれば売名館になる。」[14]と論断している。

　その論拠について、永杉は「公民館に相当する構想は、さかのぼると田澤義鋪にたどりつく。彼は、村をたてるために村治研究会を静岡県の宇度村に設けた。大正のはじめである。これと公民館とが直接つながっているとはいえないが、その趣旨は一つである。町村の自治なくして、日本の自治もない。田澤は、まず足もとを固めることだと思ったのだ。これが公民館のこころである。」[15]という見解を示している。

　したがって、永杉の田澤義鋪研究及び公明選挙運動は、ここにつながっていくのである。

### 「かくれた指導者」の活用

　社会教育主事講習という制度がある。永杉は、それに昭和46年(1971)よりかかわっている。永杉の一文に「今夏も方々で社会教育主事講習が40日間夏休み返上で行われた。私の大学でも今年はじめて行ったところが、希望者が殺到して、その下選考に当たった各県の教育委員会では大困り。というのはどの希望者にもそれぞれコネがついていて、まるで参院選のようであったそうだ。なぜこんなに希望するかはいわずと知れた教員のステップとして社教主事の利用である。」[16]とある。

　その講習に永杉はみずから5単位75時間を受け持ち、その時間を用いて不消化を調節したり、あるいは「ナマの教材」を使ったことがあった。「ナマの教材」とは、永杉によると「たとえば公民館の歴史では朱膳寺春三氏を、海外発展では日本青年海外協力隊の訓練所長高橋成雄氏を、福祉の関係では日本点字図書館理事の加藤善徳氏をというあんばいに、

本物を招いてぶっつけた。」であり、その意図するところは、「大学の教員以下およそ教員は物知らずだから、クツの下から足のうらをかく思いだろうと講習生に同情しての企画」(17)であった。因みに、加藤は晩年榛名山麓に「次郎文庫」を開設していた。

　この「ナマの教材」は、いわば「野の遺賢」の活用である。永杉は、昭和50年2月に国立赤城青年の家で青年リーダーに講演を行ったが、その後でたまたま永杉を来訪していた河瀬義夫に話をさせた。河瀬は、昭和49年に農業簿記を40年つけ続けたということで表彰をうけた、滋賀県在住の農民である。河瀬は、永杉の滋賀県時代の青年団員で、永杉はそのころの思い出を「土曜、日曜などに、河瀬さんは小さい子どもさんの手をフシくれだった手でつないで私の家に寄られた。そしてそれは、たいていは京都の美術館に行かれる前か後であった。」と書いている。(18)永杉は、その河瀬の赤城での話を、

　　河瀬さんはそまつなバッグを持って演壇にあがり、あいさつもしないで、ごそごそとそのバッグの中から1枚の絵を取り出してテーブルの上に立てた。そして、「この絵、なんの絵か知ってはりますか？」と、ぽつりと言った。誰も知らなかった。「これはゴッホの昼寝という絵です」中年夫婦が、とりいれのすんだあと、野良で安らかに昼寝をしている絵である。
　　それから河瀬さんは、ぼそぼそと話しはじめた。それを要約すると、何年か前、河瀬さんはソ連からヨーロッパ各国の農村を、たったひとりで見てまわった。そしてパリのルーブル美術館でこの絵を見たとき、思わず立ちすくんだ。涙が出てたまらなかった。これは自分たち夫婦をえがいている。世界中、農民はみな同じだと思った。そのあとパリにいた知人から送ってもらったプリントがこの絵である。（中略）
　　話はそれだけであったが、それがすんで二人で部屋に戻り、私は「河瀬さんはよほど絵が好きのようですね」と言うと、「いや別にそうでもありません」と言う。「そんなら昔、どうしてわけのわからない小さな子どもさんをつれて美術館などに行ったんですか」とたず

ねると、河瀬さんは「そのころ戦争中だったでっしゃろ、わたしはいつ応召して死ぬかもしれん。それまでに、子どもたちに美しいものを見せておいてやりたかったんですよ。」

と紹介し、それにつづけて、

　　私はその言葉に感動した。「美しいもの」― これが文化である。

と記している。[19] ここに、永杉の教育観、人生観の根があるといえる。

### 大塚康平との交友

　大塚康平は、明治38年（1905）生まれ、群馬県吾妻郡東村村長を昭和22年（1947）から昭和46年まで6期つとめ、同42年からは群馬県村会長をもつとめた。また、同48年からは群馬県教育委員長の職務代行となり、翌49年から50年まで同委員長であった。[20]

　井上頼道の『政道に生きる』（群馬県町村会、平成元年）によると、大塚の村政はまず〝心の豊かさ〟ということで、社会教育に力を入れた」と、「村をつくることは人をつくることだというのが信念だったようで、あの人が一番の重点をおいたのは教育ではなかったか」という評言を紹介している（191～192ページ）。

　永杉は、その大塚との出会いを「昭和24年、私が群馬大学に来てまもなく、辺地教育研究会という文部省の会があり、いまの群馬県の教育次長で、そのころ辺地教育担当の文部省の若い役人だった山川武正氏らと東村を訪れ、村長自作の村づくりのスライドを見たのが、初対面であったと思う。そのときはお互いに一語もかわさなかったような気がする。それから何年かして、私が社会教育の講義をしているというので、群馬県の社会教育委員になった。その会合で一緒だったが、それだけのことで、親しく話をしたおぼえはない。」と書き、ついで「私は、群大の学生の中から一人でもよいから社会教育をやる人を育てたいとの一念から、社会教育の、それもろくすっぽ自信のない講義を何年かやっているうちに、そういう学生が出てきた。その一人が島村利男君で、いまは青少年

室にいる。同君が社会教育をやりたいと申し出て来たとき、適当な口がなかったので、大塚村長に頼んだら一言のもとに引きうけ、卒業と同時に東村の社会教育主事補に採用され、やがて主事になった。」(21)と書いている。

　これは昭和 33 年（1958）のことであり、大塚の回想には「社会教育といっても、家（施設）があっても人がいない。子供の教育には学校の先生が寄ってたかってやってくれるが、社会教育はやってくれない。これは仕事でした」(22)と、社会教育の人材を確保することの困難さを述懐している。

　井上は、さらに「つねづね大塚は、自治というのは目に見えないことの積み重ねだといってきた。これもやった、あれもやった —ということは、自治をあずかる者の本筋ではない。大塚の治政の哲学であろうが、学校教育や社会教育という地味で見栄えのしないことに真っ先に取り組んだのも、それが新しい時代に処するための東村の原点と考えたからにちがいない。だからこそ、財政が貧しかったあの当時、ほかに優先して教育にかねを回した。」（195〜196 ページ）とも述べている。

　そのひとつとして、東村には大塚の編集にかかる『あがつま あづま』（あづま村誌編纂委員会、昭和 40 年）という、B 5 判 1100 余ページ、カラー写真入りの村史がある。永杉によると、これはアメリカからも注文が来たものだという。

　なお、筆者は、昭和 42 年に下村湖人の思想に共感し、「白鳥会」をつくり、謄写版刷の雑誌『白鳥』創刊号を出した。これは、当時群馬県立高崎青年の家の若き社会教育主事補であった侭田彦吉（現在群馬県立高崎青年の家所長）が、ガリ版に向かっての奮闘の成果であった。それに、大塚が便りを寄せている。そこには、「今から 4 年前、永杉先生のおすすめで雑誌『煙仲間』に村長五選の弁を投じました。そして今また 21 年目と相成った次第。私の名で出生を受け付けたこどもが今や立派な成人です。流動する戦後をひたすらに地方自治と取り組んできて、痛切に感ずるのは時代の変化です。時代が変わっても何か一本大切にしなければならない共通のものがあるのではないだろうか。こんな気持ちで仲間入りさせていただきたいと思います。」とある。

大塚の言う「何か一本大切にしなければならない共通のもの」を、永杉も共有していればこそ、永杉は大塚に兄事していたのであろう。その大塚もいまは亡い。

**講演行脚**
　ここでは、永杉の講演について触れたい。年譜からも窺い知れるように、永杉は講演依頼を時間の許す限り受けていた。永杉の「自伝的年譜」には、その年ごとの講演回数が記されているが、驚くほど精力的に「東奔西走」している。まさに「講演行脚」であった。また、「全国的」であるといっても、当然のことながら群馬県はその依頼も多い。『著作集』収録の「自伝的年譜」で、最後の年にあたる昭和49年を例にあげてみると、その前年末に出発した洋上大学から帰着して、その足で県庁で解団式が行われたのが1月11日、その翌日12日には「国立赤城青年の家でトヨペット社員成人式の講演」とあり、15日には「月夜野町成人式」とある。この年の群馬県内での講演地を試みにあげてみると、152回のうち、太田市婦人会、国立赤城青年の家、群馬県民会館、富士見中学、高崎市新高尾公民館、猿ケ京温泉、前橋青少年センター、前橋七中、粕川村婦人会、高崎六郷公民館、嬬恋村公民館、高崎城東婦人会、前橋広瀬中、大泉町公民館、高崎市勤労青年大学、渋川市青年団、群馬大学看護学校、新治公民館、群馬ゼミナール、吉井町、群馬県教育センター、高崎市佐野公民館、前橋市立女子高などが記録されている。[23]
　さて、筆者も高校2年時に当時の生徒会副会長今井和男（現在弁護士）の依頼により、永杉に仲介したことがある。いま、そのときの今井の記録「永杉喜輔先生による講演会開催」（『生徒会報』、高崎高校生徒会書記局、1967.2.27）が手許にあるので、採録しておきたい。

　　　──　私達生徒会で開催できた最初の講演会でした。会場は物理室だったのですが、ただ残念に思ったことは意外に集まった人達が少なかったことなのですが、彼らはみな非常に真剣で、その様子は永杉先生も、「みんな真剣ですねえ……」と、あとで驚いていました。さて、先生は小がらで、その表情にはやさしさが満ちあふれていま

したが、その奥には一種のきびしさがあり、私達一人一人をピリッとさせるものがありました。先生は、「青年の生き方」と題し、制限（？）時間ギリギリまで、ユーモアのある — 時々そのものズバリの表現をして私達をドキッとさせたりしました — 表情で、小さな体を思いきり使って大胆なジェスチャーをとりながら、現代というものを鋭く見つめ、ピリッとした批判をし、その中で、私達（＝若人、学生）のこれからのあり方を暗示し、激しく訴えていました。そして、今の学生運動について語り、あのようなことになるのは、青年にあまり発言の機会を与えないからだ、もっともっと、青年に言いたいことを言わせるべきである、と言っておられ、また、「今の学生が問題とすべきことは『沖縄』である。」というのも印象的です。先生の講演も深くはいるにつれ、弁にも熱気がまし、私達もその中から自分の将来についての確信らしきものを得て（このようなことは私達のほとんどの人にあったと思います）。それは、このあとの質問の時に、ほとんどが自分の将来の大きな希望についてのものだったことからもわかります）、質問をうける段階にはいっても、帰るものはほとんどなく、先生に、具体的な将来のこと（例えば、政治家になりたいが、とか、新しい大宗教を自分の手でつくりだしたい、などである）を活発にあびせました。先生の印象は、私個人の意見として「青年の心を知っている」ということです。（最後に、この講演会に大変協力してくれた野口周一君《2年4組》に、この場をかりて、厚くお礼を言います。ありがとう！）――

　以上である。当時高校2年生の今井をして、「青年の心を知っている」といわしめた永杉について、筆者はここでは何ら注釈を施す必要はないであろう。

## 永杉喜輔の教育観及び人生観

　永杉の教育観、その思想であるが、これはその人間観・人生観に由来していることはいうまでもない。そこで、前述してきたことをふまえな

がら、順次述べていくことにする。

永杉は、その経歴からわかるように、福岡中学、第五高等学校、京都帝国大学と、一応エリート・コースを歩んでいた。その永杉の「教育開眼」の契機となったのは、青年団講習所における農村青年との実質7週間にわたる合宿であった。しかし、それまで永杉のなかではぐくまれてきたエリート意識、価値観が一朝一夕に払拭されるわけはない。永杉は、「そこを出て青年館に帰ったとたんに私はいや気がさしました。せっかく湖人の教えを受けるつもりで来たのですが、便所掃除をさせられたことくらいでなんにも教えてくれません。」[24]と語り、その後湖人に研究生をやめることを宣言し、さらにその自宅を襲って「私は、先生の教えを受けるためにわざわざ試験を受けたのです。それにこのひと月便所掃除をさせられたくらいで何も教えてくれんではないですか」[25]と迫ったものの、湖人は黙って聞くだけで何も答えなかった、という。その後も湖人は「べつに指導方針を示すでもなく、見たところ、まるでほうりっぱなしというぐあい」であり、永杉は「相変わらず便所掃除やお茶くみや座ぶとん片づけや体操や唱歌をならっているうちに期間の1年がすみました」[26]と回想している。

湖人は、その当時みずからに「友愛とか、創造とか、自律とかを強調するだけで、自分では何ものも与え得ない教育」という批判が投げかけられていたことを記し、その批判に対して「私は、私自身の主観から生まれた何ものをも講習生に与え得なかったとしても、もし彼らが、友愛の精神を創造的、自律的に深化し、組織化して、彼ら自身の協同生活を建設し、その妙趣を味得することができたとすれば、それ以上何も望むところはないのである」[27]と述べている。

したがって永杉の湖人から受けた教育は、言葉で表せば「友愛」、「創造」、「自律」ということになる。つまり、これらが湖人の教育観の要諦をなすといえる。

さて、その湖人の教育観の前提は人間がいかに生きるかであった。その「いかに生きるか」という点で、永杉は湖人との『新風土』のかかわりのなかで、「生きることのきびしさ」を学んでいく。まず永杉は、『生きるということ』（協同出版、昭和42年）のなかで、「わたくしは、この

数年間に、生きるということは食うことだということがわかったのです。雑誌をやっておりますときは、かたわら、農場で働いて、サツマイモやジャガイモを植えて、それで露命をつないだりしました。辞表を出すときは、何とかなるだろうという気でしたが、何ともならぬのです。わたくしが倒れたら一家路頭に迷うのです。いよいよ、雑誌をやめることになって就職口をさがさなければならないことになり、毎晩、家族4人の寝顔を見ながら履歴書を書きましたが、そのときは、短気で辞表を出したりしてえらいことをしたとしみじみ思いました。生きるということは食うことです。いまさら何をいうかと思われるかたが多いと思いますが、それはそれでいっこうさしつかえありません。わたくしとしてはこれは大発見だった、ということであります。」（7～8ページ）とある。

ついで、同著において社会教育研究生時代の農村青年との話し合いの体験から、「わたくしが ここで下村先生に学びましたことは生きるということは対話だということでありました。学校では、まるでひとりごとを教えてもらったようなものでした。」（14ページ）とある。また、「はじめ、わたくしは生きることは食うことだと申しましたが、それは生きる手段でありまして、人間が生きるということは願うということであります。先生の歌に、「なほ生きむ願ひをもちて若人と酒くみをればこころときめく」というのがあります。これも70歳の誕生日の作でありますが、先生は、一つの願いからさらにつぎの高い願いへと、無限に願いつづけ、その願いのために自分にムチ打ちつつ若い者をはぐくんで、あくことを知らないというおかたでした。」（23ページ）ともある。

以上から、永杉は「生きるとは食うことである。生きるとは対話である。生きるとは願いである。」という独自の生活哲学を自己のものとしていったのである。

ここで、湖人と田澤の関係について言及すると、田澤の精神と実践を湖人が理論的に深めたといえる。永杉は、その田澤が生涯をかけた地域青年団の育成について、「かれの青年教育の理念は青年に自主、創造の精神を養うにあり、青年みずからによる青年団の経営を唱え、一人一役、一人一研究を奨励した。そして、それが日本を民主国家にする基礎だとかれは信じたのだ。かれは青年団の単位はあくまで町村にあって大日本

連合青年団は町村青年団の自治を育てるための役割を果たすべきだとした。」[28]と解説している。さらに、田澤が「日本の政治をよくするのは選挙である。それには青年が政治の道義と知識を身につけることだ。」と考えたことから、「青年が自分の団体をどう運営するかが政治であって、政治の知識をつめ込むことが政治教育ではない。」との見解を持っていたことを指摘している。永杉もまた、地域青年団の育成と公明選挙運動にかかわった所以である。

それでは、永杉はみずからを、この社会において、どのように位置付けていたのであろうか。永杉は、その経歴からわかるように、政府及び地方自治団体などの各種委員会の委員をつとめている。それは、要請されればよほどのことがないかぎり断らない、という姿勢を感じさせる。その意図はどこにあるのだろうか。例えば、「しち面倒な制限の多い」文部省委嘱の社会教育主事講習において、「規則を自在に活用して」かくれた指導者を登場させる努力をする。[29]

このことに関連して、永杉が「若者をアウトサイダーから体制内に引き入れるにはどうしたらよいか」についても考えている[30]ことに着目したい。ここで、永杉は「家族の一員とされた子どもが長ずるに及んで大学生となり学生参加をすることが一つ。そういう学生たちが政治家になって、内から体制をくつがえすことがその二。」と持論を展開している。さらに、「社会教育人も学校教育人も、自分たちは制度にのっかった指導者だという自覚をもつことから出発すべきである。」、「制度をやぶることのできる教育人だけが、パーソナル、つまり人間的指導者に転化する可能性をもっている」[31]とも、指摘している。

それらを解く鍵として、永杉に「本流と逆流」[32]というエッセイがある。そこに、「河の流れを見ていると、本流に対して逆流が見える。じっと見ていると、やはり本流が逆流をのみこんでしまう。日本には評論家という職業がある。そのすべてがそうというのではないが、本流を知らないで逆流にのっかることだけによってもうけている評論家も少なくないようだ。教育という仕事は、本流を強めることではなかろうか。」と書いている。永杉のその教育活動は、「本流を知って、その本流を強める」ことに原点があるといえるであろう。

第Ⅰ章 永杉喜輔論

　また「家族の一員とされた子ども」という表現から、永杉の教育観の前提のひとつである家庭教育、それ以外にほんとうの教育の場所はなく、家庭教育こそ人間形成の基礎である、という年来の主張を読み取ることもできる。
　そこで、筆者は河瀬義夫の存在に思いをはせざるをえない。また、永杉の河瀬に触れた文章を読んで、『文化・集団』という雑誌に寄せた永杉の文を想起する。その雑誌は、高崎市在住の竹科達雄（東京農業大学第二高等学校嘱託講師）の編集になるもので、永杉はその創刊号（昭和63年）に「温故知新」というエッセイを寄せていた。ここで、永杉は人間、教育を語り、最後に「文化」について、

　　　文化はカルチュア、つまりカルティベーション（耕作）からきた語で、土を耕しながら心を耕す農民が良農で、「良農は土を作る」と昔いわれた。しかしそれだけでは救われない。土に額をすりつけて土をおがむ農民が最高である。土があるから耕すことができる。土に生きるのではない。土に生かされているのである。
　　　そこまでいかなければ「文化」とはいえない。文化とは祈りである。(7ページ)

と語っている。さらに、「日本人は学者や評論家にだまされて、アタマで、ヘリクツで、わかったような顔をするクセがある。河瀬さんはそれに動じないで、自分の眼で、自分の心で、いいものを見わける。河瀬さんは琵琶湖の干拓をしながら文化を身につけた。そのフシくれだった手のぬくもりでわが子に文化を伝えたのだ。」[33]とする。すぐれた教育論であり、文化論である。
　それでは、永杉の限界はどこにあるのだろうか。
　ひとつは、永杉が下村湖人の枠を出ていない、という指摘に関連する。永杉はその点については全く関知していないと思われるが、筆者はその立場上言及しておきたい。まず、永杉は「自分は下村湖人の精神を後世に伝える」ことに徹することを、機会あるごとに言明している。その湖人はというと、死のまぎわに永杉に、くどいほど「ぼくは『論語』だけ

は後世に伝えたい。わたしの書いたものは、すべて『論語』の祖述のつもりだよ」[34]といった、という。つぎに、永杉は湖人の産んだ次郎を育て成長させてきている。例えば、永杉の編著『教育社会学』(協同出版)は大学の教職課程用のテキストとして刊行された。永杉は、その第1章「素質と環境」において、その第3節を「次郎の成長過程の意味するもの」として、『次郎物語』第3部の冒頭を長々と引用している。そして、その内容を (1) 運命、(2) 家庭と学校、(3) 社会、に分類し、詳細な註を施すことにより、そのテキスト化をはかっている。永杉を評価するうえにおいては、下村湖人の祖述に徹しているという点が要諦である。そしてそれに徹することにより、そこに永杉の個性がおのずと現れているといえる。

　もうひとつを指摘するにあたり、かつて永杉は『白鳥』創刊号に巻頭文を寄せ、その末尾を「『次郎物語』が出版されたのは昭和16年、かれこれ30年になる。そのころ20歳で読んだ人は50歳になっている。そしていま、高校2年生の野口君が『次郎物語』にとりつかれて「白鳥会」をはじめた。湖人という白鳥のはばたきはそこまで波及しているのだ。私はこの会の発展を祈らないではいられない。ひそかなたましいがどこかで芽生えている。本誌がその成長のかてともなるならば望外のしあわせとしなければなるまい。」という一文でしめくくっている、ことを示したい。また、静岡県清水市の青年団ＯＢ山梨通夫は、昭和49年の静岡県青年の船での永杉の講義を機縁に、月刊誌『煙仲間』を10年以上も手作りで発行している。筆者は、ここに永杉の若い人に向ける大いなる情熱を思う。同時に、甘いという批判もあるであろう。

　しかし、ここで筆者は『次郎物語』第5部、「13、旅行」のなかのつぎの節を想起する。そこは、二・二六事件の激動により友愛塾がまさに閉鎖にいたろうとするときの朝倉先生と次郎の問答である。次郎の焦慮のなかでの問いに、湖人が朝倉先生をして答えさせている部分を、筆者なりに選択し列挙し、傍点を付していく。[35]

　「なるほど友愛塾の精神は、今の時代では一種の反抗精神だといえるね。しかし、田沼先生も私も、大衆青年を反抗の精神にかり立てるつもりは毛頭ない。私たちが大衆青年に求めているのは、まず何よりも愛情

だよ。愛情に出発した創造と調和の精神だよ。」
「そう言われるとつらいが、それも仕方がない。やはり時勢には勝てないよ。今は無益な摩擦の原因を作るより、なごやかな愛情を育てるためにできるだけの手段を講ずべきだね。」
「まさか。……尤も、その人たちが友愛塾の旗をふりまわすといったふうであれば、その心配もあるだろう。しかし、ほんとうに塾の精神がわかっているかぎり、そんなばかなまねはしないよ。結局は周囲にとけこんでいく実際の生活がものを言うさ。」
「ある点では、——いや形の上ではすべての点で、そうなっていくかもしれないね。しかし、時代に流されながらも愛情だけは大切に育てていくということを忘れない点で、ただやたらに叱咤激励する連中とは根本的にちがっているよ。」
「今は愛情を育てることだけが、ただ一つの道だ。愛情を失っては、そのほかのどんなことに成功しても何の役にも立たない。」
「愛情はあらゆる運命をこえて生きる。それは破滅の悲劇にたえて行く力でもあり、破滅の後の再建を可能にする力でもあるんだ。人間の社会では、愛情だけがほんとうの力なんだよ。それさえあれば無からでも出発できるし、反対に、それがなくては、あらゆる好条件がかえって破滅の原因にさえなるんだ。」——
　永杉は、まさにそのような生き方を志向していた。そして、みずからを、あるときは「算外先生」[36]と自嘲しながらも、大学の講義に、講演行脚にと、まいた種が風に吹かれて芽を出すことを信じ「種まき」[37]の仕事に徹するのである。

## おわりに

　本稿は、永杉喜輔の人と思想を語ることに、その主眼をおいた。ただ、紙幅の関係で、永杉の教育論のうち、教育と福祉、生涯教育について、またその思想に影響を与えたと思われるルソー、『論語』、禅などには言及できなかった。

　筆者は、当初永杉と群馬県の社会教育実践とのかかわりを論じようとしたのであるが、そこは遠慮させていただいた。筆者の力量不足はもとより、専門外のことに言及する資格をいまは十分に有していないことを自覚するにいたったからである。

　最後に、今回『永杉喜輔著作集』を久しぶりに読み、改めて永杉の文章が非常に読みやすいこと、また本質を簡単に衝いていること、したがってはからずもその文意を読みとばしてしまう危険性があること、そこに永杉から学ぶことの難しさがあることを痛感した。ただ、永杉が「過去の人」であるかいなかについては、もはや贅言を要しないであろう。

　そこで、本稿の締め括りは、前掲『群馬県史』「現代の社会教育」の最終項目「生涯教育・学習の趣旨」を引用することにする。そこには、

　　　社会教育の指導者永杉喜輔は、生涯教育について「生きている間、必要なことを必要な時に学び、それを身につけて実行すること」としている。また生涯教育・生涯学習の言葉について「教育と学習はウラオモテで、母親は授乳（教育）、子は吸いとる（学習）。これが生涯教育・学習の出発である」と。さらに「生涯教育は今にはじまったことではない。昔から人は生涯教育によって人間となったのだ。自分に伝えられた古いものを新しい環境の中で自分で新しくしていく。温故知新、古いことをよくわきまえて新しいことを知るのである。それを各人が各様に実行する」と述べている。[38]（453ページ）

とあり、熟読玩味すべき価値は十分にある。そして、この引用からもわかるように社会教育における永杉の業績の位置付けは早急になされなければならない課題であろう。

## 註

(1) これは永杉にとって終生の課題である。
(2) 永杉は「一将功成りて万骨枯る」と表現する。『永杉喜輔著作集』(以下『著作集』と略称) 第8巻、104〜110ページ。
(3) 『下村湖人全集』【決定版】第10巻、国土社、昭和51年、571ページ。
(4) 「見栄とは何か」『著作集』第2巻、280〜281ページ。
(5) 『著作集』第4巻、26ページ。
(6) 『回想吉田嗣延』吉田嗣延追悼文集刊行委員会、平成2年、91ページ。
(7) 「戦後日本の思想状況」『現代思想』第11巻所収、岩波書店、昭和32年。
(8) 「田澤義鋪における国民主義とリベラリズム」『日本リベラリズムの稜線』所収、岩波書店、昭和62年。
(9) 「田澤義鋪のこと」『昭和維新新論』所収、朝日新聞社、昭和59年。
(10) 村山輝吉、久田邦明、植原孝行などである。
(11) 「学園紛争とその後の展望」『著作集』第7巻、317〜319ページ。
(12) 「終バス ―福田武氏の急逝を惜しむ― 」『著作集』第7巻、236ページ。
(13) 「学校教育の罪」『著作集』第2巻、206〜210ページ。
(14) 「イカリをおろせ」『著作集』第8巻、192ページ。
(15) 『社会教育の原点をさぐる』107ページ。
(16) 「社会教育主事講習」『著作集』第7巻、115ページ。
(17) 「社会教育主事講習」『著作集』第7巻、116ページ。
(18) 『社会教育の原点をさぐる』143ページ。
(19) 『社会教育の原点をさぐる』143〜144ページ。
(20) 『群馬県町村会史』群馬県町村会、平成元年、参照。
(21) 「文質兼備の大塚村長」『著作集』第5巻、17〜18ページ。なお、山川武正は昭和43年10月より63年3月まで群馬県教育委員会教育長であった。島村利男は現在群馬県生涯学習センター副館長である。
(22) 井上頼道『政道に生きる』194ページから引用。
(23) 「自伝的年譜」『著作集』第10巻、359〜368ページ。
(24) 『著作集』第4巻、20ページ。
(25) 『著作集』第4巻、21〜22ページ。
(26) 『著作集』第4巻、23ページ。

(27) 下村湖人「塾風教育と協同生活訓練」『下村湖人全集』第6巻、168ページ。
なお、永杉に「下村湖人の教育論」『群馬大学紀要〈人文科学編〉』第20巻第11号、昭和45年（『著作集』第4巻に再録）がある。
(28) 『社会教育概説』63ページ。
(29) 村山輝吉「編集を終えて」『著作集』第9巻、366ページ。
(30) 「学園紛争とその後の展望」『著作集』第7巻、323～325ページ。
(31) 「父と母」『著作集』第8巻、286ページ。
(32) 『著作集』第8巻、315～316ページ。
(33) 『社会教育の原点をさぐる』145ページ。
(34) 「論語の成立とその影響」『著作集』第4巻、369ページ。
(35) 『次郎物語』【定本】池田書店、昭和38年、501～502ページ。
(36) 「算外先生行状記」「算外先生 ふたたび登場」『著作集』第8巻、9～15、90～96ページ。
(37) 『著作集』第8巻、56～62ページ。
(38) 『生涯教育自分史の試み』「まえがき」。
(補1) 筆者は、高校2年時に生徒会の要請により、永杉を紹介する「清冽な流れ ― 人生の教師・永杉喜輔先生― 」（『群馬』第7号、高崎高等学校生徒会、昭和43年）を書いている。
(補2) この誌名の由来について説明する。田澤義鋪は、昭和4年に青年団OBの有志に壮年団運動を提唱し、その心を「郷土の魂」「社会の良心」「縁の下の力持」「地下水」などと表現した。その田澤の壮年団運動が翼賛壮年団に乗っ取られかかったころ、湖人は田澤の壮年団を「煙仲間」（語源は『葉隠』「聞書第二」にある）と称したのであった。『社会教育の原点ををさぐる』79～92ページ参照。これは日本青年問題研究会の刊行であり、後述の山梨の雑誌とともに田澤・下村の精神を継承するものである。
(補3) ここには、
  苦悩を通じて愛を感じ愛を通じて創造にいそしみ
  創造を通じて真の歓喜に到る これ即ち生命の常道である
  悟りとはこの常道を体得することの謂ひにほかならない
    昭和16年晩秋自戒を記して永杉君に呈す　湖人生
とあり、下村湖人の人生観が示されている。

# 第Ⅱ章
# 永杉喜輔と煙仲間

二日会の集い（於高崎青年の家　1967.1.2）
前列中央に永杉夫妻、その右隣りに人塚康平
最後列右から二人目に著者

## はじめに

　永杉喜輔(ながすぎきすけ)について、まず披瀝しておきたいエピソードがある。
　ときは1969（昭和44）年1月15日、ところは高崎市の群馬音楽センターである。そこでは成人式が行われ、高崎市の民生委員を長年務めていた筆者の祖母・磯部稲子は、その招待席で永杉の記念講演を聞いていた。式終了後、祖母は筆者の家に立ち寄り、永杉の武勇伝？を興奮覚めやらぬ面持ちで語ってくれたものである。それと同趣旨のことを、永杉は他の市町村の例で随想に書いている。[1]

　　ある町の成人式。私がその講演によばれて5分前に到着したら、寒い控え室に番茶一杯で待たされること約1時間。その間、講堂では町の名士の祝辞が延々と果てしがなかった。私はしびれを切らしてオーバーを着て帰りかかった。すると主事さんが来て、今しばらくお待ちくださいと言った。そのうち万歳の声がどよめき、青年たちはぞろぞろ帰りかかった。そこで私はやにわにオーバーをぬぎ、壇上に駆け上がり「待てっ！」と怒号した。青年たちは吃驚(びっくり)して座り直した。私がそれをにらみつけながら「君たちは今日ここに何しに来たんだ。馬鹿な祝辞を聞きに来たのか。早く帰って父ちゃんと母ちゃんと一杯やれ」と言うと一人として立つ者はなかった。それから、私は親孝行論から始めて青年たちを励ました。みなシュンとして聞いた。そして12時かっきりに壇から降りた。名士たちは怒って途中でみな引きあげた。

　筆者の祖母が聞いた永杉の講演会場には、成人となった植原孝行（現在高崎市中央公民館社会教育主事、立正大学兼任講師）がいた。植原によると、壇上の右手の奥から「待てっ！」と駆け込んできた白髪まじりの講師があり、「とにかくすわれ！」と気迫で聴衆を着席させ、「今日はまず家に帰ったら父ちゃんと母ちゃんにありがとう！と言うんだ」と言い、そのあと『次郎物語』の著者・下村湖人の話が始まったという。当時の高崎市の社会教育課で永杉を招いたのは、その教え子である田上美

男（現在群馬県立歴史博物館副館長）であった。

　その永杉は1909（明治42）年熊本県生まれ、旧制福岡中学から五高を経て京都帝国大学哲学科にて教育哲学を専攻、34（昭和9）年大日本連合青年団社会教育研究生として下村湖人に出会い、その教えを受ける。35年から滋賀県に勤務し、47年には同県社会教育課長、同年辞職して、下村湖人とともに月刊『新風土』の発行を通して社会教育運動を展開。49（昭和24）年から75（昭和50）年まで、群馬大学にて社会教育と教育社会学を講じた。

　筆者は、かつて「永杉喜輔論 ―その人と思想― 」（『群馬・地域文化の諸相』所収、日本経済評論社、1992年）と題して、永杉の下村湖人・田澤義鋪(よしはる)との出会いから、その教育活動、教育観・人生観について述べた。本稿では、永杉をめぐる人物群像を描くことにより、下村湖人の提唱した「煙仲間(けむりなかま)」について論究したい。それが、永杉の群馬県における社会教育活動の一端を語ることになるであろう。

## 滋賀から群馬へ　―下村湖人の集いとともに

### 「煙仲間」について

　永杉は、熊本県に生まれ、滋賀県で社会教育の仕事に着手した。その永杉が、なぜ群馬県に来るに到ったかを述べておかねばならない。ただ、その前提として、まず下村湖人の「煙仲間」というグループについて説明する。

　田澤義鋪は、1929（昭和4）年に青年団OBの有志に壮年団運動を提唱し、その心を「郷土の魂」、「社会の良心」、あるいは「縁の下の力持」、「地下水」などと表現した。ところが、戦時体制の進展するなかで、その田澤の壮年団運動が翼賛壮年団に乗っ取られかかったころ、下村湖人は田澤の壮年団を「煙仲間」（語源は、田澤・下村の生地に伝わる『葉隠』の「聞書第二」にある）と称し、翼賛壮年団とは厳然と区別したのである。[2]

　永杉は、その著『下村湖人伝』においては「十数年来うちこんできた田澤の壮年団運動が、翼賛会にのっとられたいま、湖人にとっては忍ぶ

恋よりほかに生きようがなかったのである」、「湖人は、この気持をつたえるため、全国行脚をはじめた。青年団講習所で育った青年たちが、もう壮年になっていた。湖人は、そういう人物が中心になっているグループをたよって行脚をはじめた」[3]と述べている。

当時滋賀県にあった永杉は、「滋賀県にはおもしろい煙仲間があった。いわば自称煙仲間であった。その仲間が戦争中から戦後にかけてたびたび湖人をよび、講演をさせたり、会食をしたり、魚釣りをしたり、吟行としゃれこんだりしたこともあった。県庁の教育関係の小役人たちがその中心グループだったが、ときには青年団の先輩なども加わった」[4]とも書いている。むろん、永杉はその中心的役割を果たし、それに糸賀一雄（元近江学園園長）、和田利男、太田和彦などが加わっていた。

### 『新風土』復刊について

終戦後、湖人の念願は『新風土』を復刊することであった。元来、『新風土』は『次郎物語』を出版した小山書店の月刊雑誌で、『続次郎物語』（のちの『次郎物語』第二部）と『青年次郎物語』（のちの『次郎物語』第三部）は同誌上に連載されたものであった。永杉は、当時の状況をつぎのように語っている。[5]

> 関西への講演の帰りに私のところに寄ったとき湖人はその意中をうちあけた。戦後、県の社会教育課長をやり、進駐軍に抵抗して苦境におちいっていた私は、すすんで協力を申し出、昭和22年の暮れに役人をやめて、一家で東京に出、練馬の農園に建てられたバラックに落ち着いた。『新風土』の誌名を小山書店からもらいうけ、百人町のバラックに、「新風土社」と湖人の筆で看板を出し、練馬の農園には「新風土農園」という表札を出した。編集同人は、鈴木健次郎、太田和彦、布留武郎、大西伍一、糸賀一雄、和田利男、加藤善徳、吉田嗣延、江崎誠致、私の10名、専任は私であった。

そして、1947（昭和22）年の暮れに、『新風土』昭和23年1月号が出た。その創刊号について、ここでは鶴見俊輔の評言[6]を引いておきたい。

42

ここでも、日本の土地柄という規準が雑誌のもとにすえられている。日本の風土を、敗戦によってこれまでの思いこみをくずされた新しいまなざしで見るという考え方であろう。／創刊号には、安倍能成「地方・個人・社会」があり、東京の中央政府におしまけない、それぞれの地域の独自の気風を育てようという考え方、そのにない手は、地域にそだつ個人であるという考え方があった。国家にひきまわされた昨日までの行きかたとちがって、この日本の、そしてその地域の、社会という考え方が中心となる。／このような理想にかなう過去の思想家として宮沢賢治があり、和田利男「宮沢賢治の詩と生活」がおなじ創刊号に出ている。鈴木健二郎「公民館と郷土文化」が創刊号にあるのも、敗戦直後の雑誌の中ではまさに『新風土』の特長となった。

　これは、後述の論旨ともかかわっていくことになる。
　湖人はその巻末に、『新風土』はいよいよ復活の機会をつかんで、再び同志にまみえることになった、と記した。
　むろん、その「同志」とは、湖人のいわゆる「煙仲間」であった。

### 群馬の煙仲間
　ここでは、群馬の煙仲間について、永杉の人的交流を中心に述べていく。それにより、そこには、下村湖人を媒介とする機縁、滋賀からの交流も基底にあることがわかるであろう。

### ●斉藤武博
　斉藤について、『群馬県人名大事典』[7]（上毛新聞社、1982年）は「県出納長。1910（明治43）年青森県五所川原市下平井町に出生。旧制弘前高をへて、32（昭和7）年東京帝大文学部教育学科を卒業。33年神奈川県学務部社会教育課に奉職後、41年10月群馬県学務部社会教育課長を拝命し、以来教育行政に従事。49年知事公室勤務となり以降、医務課長、厚生課長、人事課長等を歴任し、64年10月出納長となり、68年10月

任期満了により退任する」(222ページ) と述べる。

　斉藤と永杉は、ともに大日本連合青年団の社会教育研究生出身である。ただ、斉藤はその第1回生であり、永杉は第3回生である。その社会教育研究生とは、永杉によれば、1932年のこととして「武蔵小金井に青年団講習所を開設、青年30名前後との長期の塾風生活における自治訓練を通じて青年団の在り方を体得させるという指導者養成を行った」[8] と、その意義をも併せ述べている。下村湖人の「年譜」によれば、昭和7年の項に「大日本連合青年団において第1回社会教育研究生を採用、その指導主任になる」[9] とある。

　斉藤は、生涯を通じて日記をつけ続けている。それによると、その社会教育研究生の採用試験を、斉藤は昭和7年の4月25日に受けた。しかも、その問題は「現代日本の青年を如何に導くか」、「最近頻発する暗殺行為を如何に見るか」の二題であった。とき、あたかも五・一五事件の前夜であった。

　斉藤は、大学時代には「教壇の教育」よりも「大衆の教育」を志していた。社会教育研究生の採用試験受験は、そのような斉藤の学問傾向を熟知していた指導教授吉田熊次[10] の勧めであった。そして、同年5月5日に社会教育研究生に採用され、同期生4名、手当は月35円であった。

　斉藤は、やがて神奈川県の勤務を経て、1941 (昭和16) 年社会教育課長として群馬県に赴任して来た。これは、学務部長広橋真光[11]、学務課長野村吉之助[12] が招聘した模様である。また、この当時の群馬県は、社会教育主事を各郡部に設置している全国的にも希有の県であった、という。しかし、「社会」という名称さえも忌み嫌う軍部の攻勢により、42年には「社会教育」の看板を降ろさざるをえなかった。

　そのころ、下村湖人が富岡を訪ねている。斉藤の日記、昭17年5月16日 (土) の項には、「起床6時半、晴、就寝11時半。午後、富岡町郡農会に於て開催の青少年団食糧飼料等増産運動協議会に出席。引続き3時迄、富岡女学校に下村先生を訪ふ。下村先生並びにお嬢さんを妙義ひしや[補遺] に案内す。夕食後、入浴。夜、先生と囲碁す。略同程度也」とある。斉藤の出席した協議会は、その当時の社会教育は食糧増産が使命であったことを物語っている。また、湖人の富岡来訪は、湖人の二女満

代が富岡女学校に英語の教諭として赴任(昭和 16 年 7 月 31 日〜同 17 年 10 月 30 日)(13)していたことによる。

　そして、終戦となり、斉藤は 1947(昭和 22)年 6 月に社会教育課長に復帰し、その職に 49 年 6 月まであった。

　その間、群馬師範学校校長の志村二郎は、下村湖人を講演に招き、永杉もそれに同道した。永杉の思い出には「上野からの列車はすしづめで、立ちん坊で前橋に行った。そのころは容易にメシにありつけなかった時節で、講演のあと校長室でかじりついた大きなにぎりメシの味は、いまも舌に残っている。人びとは貧乏だったが、お互いにまだ心の豊かな時代であった」、「私どもが、にぎりメシをたらふくごちそうになって、校門を出ようとしているとき、斉藤氏が聞きつけて、県庁から自転車をとばして来た。おみやげに産みたての卵をいただいた。東京のバラックに帰って、それをゆで卵にして、惜しみ惜しみ食べたその味も忘れられない」とある。(14)

　やがて、永杉に文部省の人事課長岡田孝平(永杉と滋賀時代からの友人)から信州大学への就職を勧められ、同省の社会教育課からは群馬県の社会教育課長を勧められた。しかし、群馬県社会教育課長の件は、斉藤の後任としてすでに持丸理喜男(15)に内定しているという情報も入ってくる。そこで、永杉は、とにかく当時群馬県に在った志村二郎を訪ねることに思いいたるのであった。

● 志村二郎

　まず『群馬県人名大事典』を繙くと「群馬師範学校長。1899(明治 32)年－1968(昭和 43)年。大分県北海部郡坂ノ市町に生まれた。旧制大分中から旧制二高文科をへて東京帝大文学部倫理学科卒。長崎師範教諭、長崎県学務課長、文部省教学官、滋賀師範学校長などをへて 1947(昭和 32)年群馬師範学校長となった。48 年女子部を男子部構内に移し、附属小・中学校をそれぞれ一校に統合して女子部構内にまとめ、49 年 5 月 31 日初代群大学芸学部長となった」(261 ページ)とある。

　永杉は、その志村の第一印象をつぎのように述べている。(16)それは、終戦直後、文部省が師範学校長や教官に対して、新教育の講習会を京阪

地区で開いたときのことである。「私は滋賀師範女子部の付属小学校長で志村先生は文部省の視学官、先生が新教育の説明に当たられた時であった。国民服に身を固めた小柄な志村視学官は、至極簡潔に文部省の方針を説かれた。明快であった。説明の中で生徒のストライキは許せないといわれた。文部省にしてはさっぱりした役人だと私は思った」と語っている。

　やがて、志村は滋賀師範学校長で赴任してくることになるのだが、永杉はその辞令を見て「踊り上がって喜んだ」と記している。それは、「その前の校長はKという群馬師範出身の人ですこぶる官僚的で、戦争中、国民服にゲートルで赴任した。教官生徒が膳所駅のホームに行列する中を、いかにも校長らしく歩いた。宿に着いたころを見計らって、私は女子部の人事の乱脈ぶりを訴えたところが、その直後、私としっくりいってなかった女子部長が私のことを校長に告げ口をしたので、校長はそれに同調して私を呼び、君は人がワラジもほどかぬさきにつべこべ言いに来た、失礼じゃないか、と叱った。彼は校長閣下と呼ばなければ気に入らなかったが、私は一度も閣下をつけたことはない」という経緯があったからだ。[17]

　一方、志村の赴任について永杉は対照的に描いている。「志村先生は夜着任された。私は女子部長らと数名で大津駅に出迎えた。女子師範から大津駅に出る間道は暗く、提灯をさげて出た。先生は単身赴任、校長室に入られた。むっつりして無愛想この上なしであった」[18]と。

　また、「実に清潔で、正直な方だったが、無愛想なので威張っておられるように見え、嫌がる人もあった。融通がきかないので、六法全書が足を生やして歩いていると評した教官もあった」と紹介し、さらに「私は学校視察に先生と二人で出かけ、田舎宿に泊まって語り合った。おべんちゃらが大嫌いで、そういう小学校長がいると、取り合わずにさっさと床についた。師範学校でも、おべんちゃらをする教師は退けた」と書き記している。[19]

　この後者に関連することとして、永杉は下村湖人に手厳しい教えを受けたことがある。それは、1942（昭和17）年に講談社が湖人に『杉浦重剛』伝の執筆を依頼してきたときのことである。重剛は大津の出身であ

り、永杉が大津に住んでいたので、湖人は重剛の印象を深めるために、その生誕の地を訪れることになった。湖人は、永杉の案内でその旧宅、墓地、ついでに中江藤樹をまつる藤樹神社に詣でることになった。その目的のひとつには、その藤樹神社に滋賀県における重剛研究家が、講習のためたまたま滞在していたので、その人物に湖人を引き合わせるためでもあった。永杉は、その対面の状況と顛末をつぎのように記す。[20]

> 湖人に紹介された某は、挨拶もそこそこに自己宣伝を始めた。／「私は、重剛先生の愛弟子でして、いわば孔子に対する子路か顔淵のような存在でして……」／見る見る湖人の顔が苦りきった。不用意にこの人物を湖人に引き合わした軽率さを私はひどく後悔した。黙りこくって聞いていた湖人は、「ちょっと失礼」と不意に立ち上がった。そして便所に行った。便所から帰るなり、坐りもしないで「きみ、風呂に行こう」と私を促した。／某一人を社務所に残して、二人は約束しておいた前の店に風呂をもらいに行った。外では秋風が吹いていた。狭い浴室の桶風呂に二人でつかった。湖人の口はかたく結ばれたままであった。両手でお湯をすくって、その顔をぶるっとひとなでしたあと、湖人は「きみい、あれは社会最悪の人物ではないか」と言った。私は眼をそらした。／湖人は『杉浦重剛』はとうとう書かなかった。

その後、永杉は県の学務課に入り、同時に社会教育課長も兼務した。やがて社会教育課長を免ぜられ、その後知事に辞表を出して上京、下村湖人とふたりで月刊『新風土』編集の仕事についたことは、すでに述べた。[21]

しかし、1949年、永杉はその『自伝的年譜』に、「湖人病臥」、「資金難のため雑誌ついに廃刊。失業」、「8月、幸運にも群馬大学学芸学部に拾われ助教授となる」と記す。[22]

その『新風土』から群馬大学に移るまでの経緯について、永杉は「10年間の官仕えをやめてせいせいしたが、一家五人食えなくなったのに往生した。志村先生は東京に出るたびに慰問してくださったが、2年後の

昭和24年の秋、いよいよ食えなくなった私を先生は群馬大学に引き取ってくださった。先生が主任をしておられた教育学第三講座であった」と述べている。[23] そこで、前節のつづきであるが、志村を訪ねた永杉に、志村は自分は学芸学部長となって多忙を極め、第三講座主任の兼務は困難である、しかも第三講座の教育社会学、社会教育は自分の専門ではない、ぜひ君に来てもらいたい、と言った。その結果、昭和24年8月31日付で「任文部教官、群馬師範学校教授」と発令されたのである。[24]

　そして、永杉は「それから太田和彦氏も和田利男氏も志村先生が群馬大学によばれ、昔の滋賀のような気分になって楽しかった」[25] としている。

　筆者は、中学・高校時代に下村湖人の思想に共感し、1967（昭和42）年春に「白鳥会」をつくり、同年初夏に俛田彦吉（当時群馬県立高崎青年の家社会教育主事補、現在群馬県教育委員会生涯学習課長）の奮闘により謄写版刷りの雑誌『白鳥』創刊号を出した。永杉によると、志村はその雑誌を大いに褒めたそうである。それで、筆者はその秋に高校の修学旅行で奈良に赴いた際、そこに住む志村に電話をしたが留守であった。事前に連絡をとらなかったことを、悔やんだものである。

　そのおよそ半年後、1968年6月23日に志村は逝去した。永杉はその思い出に「先生は実に几帳面な方で、細かい字で手帳に書き留められることなど、まねのできない芸当で、身辺にはいつも清風が通っているというすがすがしいムードであった。69歳、早すぎた。私の身辺には大きな穴があいた」とその死を悼んでいる。[26]

●和田利男

　和田についても、例によって『群馬県人名大事典』によると「漢文学者。1904（明治37）年4月13日栃木市に生まれる。号は杜笙。慶応義塾普通部卒業、大東文化学院で漢文学を専攻し、本科ならびに高等科卒業。旧制兵庫県立第三中、大津市立高女各教諭、滋賀師範教授兼附属小・中学校主事を歴任。その後50（昭和25）年群大助教授に就任し、70年3月定年退官。（中略）著書に『漱石漢詩研究』『宮沢賢治の童話文学』『文苑借景』『杜甫 ―生涯と文学― 』がある」（578ページ）とある。

まず、永杉との関連で述べると、和田は永杉が付属小学校主事から県学務課へ転出したその後任となった。それを、永杉は「付属小学校長の私の後任として和田利男氏を大津の女学校教諭から抜擢されたのも、志村先生であった。和田氏は師範学校出でもなく、またその教員の経験もない人でその人事はまさに青天の霹靂であった」と記している。[27]
　さて、和田には「湖人先生片鱗」という随想がある。[28] 和田は、その冒頭に、湖人の「湖ゆ吹く朝風涼しあけびもち」という句を掲げ、

　　たしか昭和22年の夏休みだったと思う。その前日あたり大津市に来られた湖人先生が、ある朝、ひょっこり私の宅に見えたのである、永杉さんと、師範の附属学校の女の先生が二人、お供について来られた。早速二階へ招じ上げたが、当時はひどい食糧難の時代で、何もおもてなしするものがない。そこで、家内が配給の餅米かなんかで急ごしらえに作った餅 ―たぶん餡などは、はいらなかったと思う― を庭のあけびの葉に包んで、お茶菓子に出した。湖人先生はそれを大変よろこばれて、あけびの葉のみずみずしい緑と、その香りを賞めながら、「これには俳味がある」などと言い言い召し上がってくださった。

と書き、「この句の底には、家内に対するいたわりのお気持ちがあるように私は考える。湖人先生はそういう方であった。思いやりの深い、温かい態度で、人の善意にこたえられた」とつづける。
　さらに、「そのあと、私たちは石山の幻住庵に先生をご案内した」とあり、そこでの会話を「その折、どんな話が出たか今は記憶にないが、唯一つ、芭蕉みたいに、あっさり世を捨てられれば、何も苦労はないがねと呟くように言われたのだけは、はっきり覚えている」として、「私はそれを思い出すたびに、いつも、論語の中にある孔子と隠者との話を連想する。「果なる哉、これ難きことなし」と言った孔子の言葉である。社会浄化、新風土建設への熱烈なる誓願の前に、先生は最後まで休息することを許されなかったのだ」、「名作『次郎物語』の著者である湖人先生が

また『論語物語』の著者であり、『現代訳論語』の著者であることは、当然過ぎるほど当然なことだと私は思っている」と書き綴っている。
　いかに、和田が湖人を尊敬し、煙仲間に共感しているか、その証左である。だからこそ、戦後の湖人のバラックの隙間風を防ぐために、和田はとっておきの愛蔵書『十八史略』を壁紙にと送ったのである。[29] また、『新風土』にたびたび随想を載せ、『新風土』の最後の発行所である冬芽書房から『宮沢賢治の童話文学』を刊行している。
　ところで、湖人には、古希のときの歌がある。そして、古希祝いに集った『新風土』の編集同人は、各々好みの歌を揮毫してもらった。和田は「七十とせ生きて来にけりものなべてわれにしたしき夕べなりけり」を色紙に、さらに『現代訳論語』の見返しにも「ある時は世をいきどほりある時はひそかに生きて七十とせへぬ」を所望した。
　筆者は、和田には十数年前に会ったことがある。その折りの和田の印象は、温雅そのものであった。その和田の好んだ湖人の歌二首、前者は和田の温容な性格を物語り、後者は和田がうちにたたえる湖人と煙仲間への激しい情熱を感じざるをえない。
　なお、和田は、群馬大学付属小学校・中学校をはじめ、県下の学校の校歌をものしている。例として付属小・中学校のものには、赤城山と利根川を取り入れ、高く清らかな理想が底を流れている。[30]

## ●太田和彦

　太田は『群馬県人名大事典』には「教育学者。1905（明治38）年長野市に生まれる。旧制諏訪中から旧制一高をへて、京都帝大哲学科卒業。神戸の旧制中学校から滋賀県師範学校、地方視学官（滋賀県、大阪府）、旧制浪速高校教授、旧制奈良高校長をへて50（昭和25）年群大教授となり、附属中・小学校長と幼稚園長兼務。（中略）その後新設の国立図書館短期大学（図書館情報大）学長（後略）」（99ページ）とある。
　太田と永杉との関係は、永杉が滋賀県女子師範学校教諭のとき、太田が神戸の中学から同校に転任してきたことに始まる。その後、太田が同校付属小学校主事から県の視学官になると、また太田が視学官から浪速高校教授に転出すると、永杉がそれぞれその後任として仕事をやった。

ことに後者のとき、永杉は窮地に立たされており、太田はその立場を慮っての異動であった。そのときの情況は、つぎのようなことであった。[31]

　付属の先生たちは、さきを見るのに敏で、(敗戦から)1週間もたぬうちに、教員室の行事板の杉浦重剛、中江藤樹が、たちまちワシントン、リンカーンに書きかえられていた。主事室から出て、それを見た私は、びっくりした。／戦争中は、打ちてしやまんと子どもらにハッパをかけたくせになにを言うかとシンからハラが立った。鬼畜米英が神さまに早変わりしたのであった。すると日本精神もデモクラシーも、自分の利益のお守り札にすぎないではないか。どこに教育があるのだろうか。／私は先生たちにきつく当たった。先生たちはデモクラシーの線にのって下剋上をはじめて私をいじめた。しかし、私にも罪はあった。というのは、主事になったとき、若僧のくせして県庁風を吹かせて先生たちをおそれさせたのであった。そして付属の年中行事の大研究会をつぶし、教生期間中の先生たちの講演かせぎの足どめをやったり、虎の威をかりて独裁をやったのであった。そして教員室からいっさいの教育技術雑誌をしめ出し、『改造』や『中央公論』の輪読会を職員会議にかえ、教育部外者を連れてきて話をきかせたりという思いあがった行動が多すぎたのであった。先生たちの用いる哲学用語、教育学用語を、いちいち俗語に訂正させ、教案をやめ、通信簿を廃止し、休み中の宿題を全廃し、戦後はＰＴＡの会費値上げをいっさいしりぞけ、教員組合に反対したのであった。あまつさえ民主主義のアジテーターとおぼしき先生たち数名を地方に追い出したのであった。

　一方、太田と和田の関係については、和田が「私が群馬大学に転任して来たのは昭和25年の5月だった。ここで最初に作った校歌がやはり附属小学校と同中学校の校歌であった。28年の頃と思う。当時の附属小、中学校長は太田和彦教授だった。私の神戸時代からの古い親友であり、かつて氏が奈良高等学校長だった頃、同校の校歌を私が作詞した関係もあって、また附属の校歌を頼まれることになったわけである」[32]と述べ

ている。
　すなわち、戦中から終戦直後にかけて、滋賀県においては永杉、太田、和田、糸賀たちの下村湖人を中心とした集いが頻繁に行われ、それが群馬県へも引き継がれたのだ。
　さて、太田には、永杉との共著『親ごころ子ごころ』（三光社、1956年）がある。その「はじめに」を見ると、最後に「これが教育の世界と日本とを少しでも清潔にすることに役立てば幸いです」（2ページ）とある。ここにも、煙仲間として醸成された共感が端的に示されていると考えられる。
　また、永杉は1971年度から群馬大学主催の社会教育主事講習を開催している。永杉は、その主任講師として、講師には煙仲間の太田、加藤善徳、布留武郎（当時国際基督教大学教授）を招いている。[33] 30年におよぶ信頼の絆の表われである。

### ●加藤善徳

　加藤は、晩年榛名山麓で「次郎文庫」を開設していた。それを『上毛新聞』（昭和50年5月13日付）は「不朽の名作『次郎物語』を残した下村湖人に教えを受けた群馬郡榛名町上室田北原の加藤善徳さん(68)は、湖人先生没後20年を記念、『次郎物語』にちなんで「次郎文庫」と名付けた児童図書館を私財を投じて開設した。こどもたちに読書の喜びを持ってもらうとともに、世界的視野を持った人間になってほしい。次郎文庫をどんどん利用してもらい、私はこどもたちと心のふれあいを持ちたい、と加藤さんは余生を読書運動にささげている」と報じている。
　加藤について、例えば安積得也は「自己を語ること最も少ない男である」[34]と評しているが、まさにそのとおりで、その経歴は人名事典の類には掲載がない。本間一夫著『指と耳で読む ―日本点字図書館と私― 』（岩波書店、1980年）には、「同労40年の友加藤善徳」とするくだりがある。ただ、筆者は旺文社文庫版『論語物語』（旺文社、1966年）の「解説」に付載された「筆者紹介」で、それをやや詳しく知るのみである。それには「社会福祉法人日本点字図書館専務理事。明治40年、福島県に生まれる。東洋大学卒、田澤義鋪主宰の新政社に入社、雑誌『大成』の

編集に従事、昭和10年、財団法人日本生活協会の創立に参加、雑誌『生活』編集長、同協会理事、日本生活学院主事、昭和23年以降、下村湖人の側近にあり助手的役割を果たす。著書に伝記『佐藤慶太郎』『山下信義先生の面影』『輝く生活者』、編著に『下村湖人全集』『一教育家の面影 ― 下村湖人追想』など」とある。この二つの編著は、永杉とともに行った労作である。

　加藤は、「私は青年から壮年時代にかけて、後藤静香、山下信義、田澤義鋪、下村湖人という4人の社会教育家の側近に侍し、親しく訓育を受ける幸運を得た。これら先師の業績は、日本の社会教育史の貴重な資料であるが、その多くは時の推移と共に、忘却の彼方に流れ去ろうとしている」[35]と記す。

　ここでは、その4人の師のうち、田澤と下村の関係にのみ触れておきたい。加藤は、田澤の新政社入社に際し、「先生のお教えを受けるために書生として転がり込んだ。先生がお認めにならないときは、玄関前に坐りこむ意気込みだった」と筆者に語ったことがある。

　また、下村湖人とは『次郎物語』の出版にかかわる因縁であった。加藤は、「『次郎物語』の世に出るまで」[36]において、その間の事情を書き記している。その『次郎物語』が脱稿したのは1938(昭和13)年の8月であった。

> 　当時先生はこの書を、アカデミックな風格のある岩波書店から出版したかった。しかし岩波には手づるがなかったので、私にその交渉を託されたのである。(中略)私は岩波書店編集部に知人のM氏をたずねて出版を依頼した。編集部で回覧の結果は、大変有望で「すぐにも出したいが、用紙が窮屈なので、いましばらくお待ちいただきたい」とのことであった。先生はじっと待って下さったが、私は終始いらいらして、M氏に電話をかけてさいそくしながら、とうとう一年たってしまった。／ある日、たぶんそれは昭和15年の秋ごろではなかったかと思う。当時私のつとめていた生活館に、岩波書店の専務F氏が見えられた。鄭重なあいさつの後に、F氏は用紙不足を理由に、一年待った私に原稿を返された

のである。私は不意に頭をなぐられた思いがした。そして、実際は用紙不足よりも作者が無名であることが原因らしいのに気づき、無念のほぞをかんだのである。／私の落胆ぶりをそばで見ていた友人の木呂子敏彦君（現北海道教育長）が、大いに公憤を感じて、「こうなれば意地でもわれわれの手で、世に出しましょう」と、仕事を放ったらかして、目ぼしい出版社を説き廻った。それがすべて徒労に終わったとき、二人は目を見合したまま、口も聞けなかったのを覚えている。

　そして、加藤はそういう事情は胸に秘めたまま、さらに数か月の後湖人に原稿を返したのである。その後、また一年ほど原稿は寝たままであった。その間に、湖人の長女の晴代[37]が結婚し、原稿はその女婿明石譲寿の手に、さらに明石の友人で小山書店の編集部にいた野田宇太郎を通して、小山書店主小山久二郎に渡され、小山が出版を決意するのである。そして、その初版が出たのは、1941年2月20日であった。
　さて、加藤は、筆者の発行した『白鳥』第2号（1968年1月1日発行）に「二人を結んだ詩心 —下村湖人と田澤義鋪—」を寄稿している。これには、筆者の眼からすれば二つのポイントがある。
　ひとつは、『田澤義鋪伝』の要諦が明らかにされている部分があり、歴史的な意義があると筆者は理解している。
　湖人は、同伝の執筆に際しその資料収集と整理を加藤に依頼していた。それは、加藤が田澤のまさに「書生」をしていたからであり、またその間の経緯は湖人の加藤宛書簡からも窺い知ることができる。加藤は記す。

　　私はその日を思い出す。湖人は私を相手に、田澤という人物をいかに評して巻を結ぶかに思いまどっていた。〈偉大なる人生の教師、比類なき人道の戦士〉まではすらすらとまとまったのであったが、それだけでは物足りない。あれこれ語り合い、書きちらしてみたが納得のいく文字は出て来なかった。翌朝私が訪れると、湖人は晴々とした顔をして、「これでどうかな？」と原稿の綴りをさしだした。／それには昨日のつづきに、〈詩と哲学との行動への翻訳者〉とあっ

た。私はうむっとうなった。そのものズバリで美事である。私は、その時ふと、先生は詩人だなあ、としみじみ思った。

そして、加藤は、これと同じ思いを『田澤義鋪伝』の第10章「晩年」の中の「静かなる抵抗」を読んだ時にも感じた、という。それは、田澤が翼賛政治会に入会を拒否した直後の湖人との対話である。湖人は、その場面をつぎのように描く。

「僕は政党に関するかぎり処女だよ。処女は男がこわい。ことに ─」／彼は言いかけて、じっと青空を見つめた。／そしてやにわに大声を立てて笑った。／処女 ─田澤は確かに処女であった。／人生のあらゆる誘惑をしりぞけて、永遠に青空を恋する処女だったのである。

これを受けて、加藤は「私は昨年の秋から今年の春にかけて、田澤義鋪選集の校正に没頭していた。一頁1400字詰、1200頁の校正はなかなかの大仕事であったが、それは実に楽しい毎日でもあった。田澤の詩心は常に私を洗ってくれた」とする。この『田澤義鋪選集』(田澤義鋪記念会、1967年)の編纂は、加藤と永杉ともどもの仕事であった。

現在、その田澤も、加藤も忘却の彼方にある。その加藤の文章をここに採録できることは、筆者にとって望外の喜びである。

## 和田本次郎、大塚康平との出会い

●和田本次郎

まず、群馬県にかかわる初期の社会教育者としては、和田本次郎[38]を挙げねばならないだろう。

その和田について、『群馬県人名大事典』には、「1883(明治16)年6月30日〜1976(昭和51)年6月21日。埼玉県大里郡川本町に小川輔五郎・きちの三男として産まれた。養子として鈴木、さらに和田家へ。幼少のころ、祖母から事に直面するたびその場に応じて教えられ、それを

生涯忘れることがなかったという。1907（明治40）年群馬師範卒業後、勢多郡敷島北小（赤城村）、原小と勤務。情熱的な模範的な教師であった。その後、新田郡青年指導員となり、新聞『金山時報』を創刊、主宰した。「再び学校の先生になった気持ちで、どんな投書でも粗末にはしない。書いてくれた人の意思を尊重して添削につとめ没書を極力避けた。これは自分で文章を書くよりはるかに骨の折れる仕事であった」と述べている。視聴覚教材としてスライドから映画教育普及に尽力した。また、海外移住にも努力。66（昭和41）年9月には、県内の多くの視聴覚教育関係者のすすめによって、自伝『かまきりの足跡』を出版した。そのほかの著書には『みどりのブラジル』がある。映画教育功労（文部省）、県政功労者として表彰される。32年前橋にアカギ商会を開店し社長」（578ページ）とある。

　その和田と永杉の関係[39]は、永杉のつぎのような考えを契機として始まった。永杉は「私は私の研究室に、東大その他の大学にない資料を置きたいと思い、群馬県の社会教育功労者の足跡調べを学生に頼んだ」、「誰の事績を調べるか。私は群馬県出身ではないので、古いことは知らない。そこで、旧知の斉藤武博氏に尋ねた。すると斉藤さんは即座に和田本次郎さんと言った」、今は「どういう人かと私が聞くとカメラのアカギ商会の社長で、日本の視聴覚教育功労者として藍綬褒章をうけた人だと言う」、「念のために、現社会教育課長の森泉賢吾氏に尋ねた。氏も即座にそういった」と書いている。

　和田は、その受章のとき、「私のような小商人が選にはいったことは日本のためにうれしい」[40]と言い、それを記念して自伝『かまきりの足跡』（養神書院、1966年）を書いた。永杉はそれに序文を寄せている。

　まず和田の社会教育者としての仕事について、永杉は「日本では、文部省が、明治13年ごろから「通俗教育」という名で今日の社会教育の草分けの仕事を始めた。師範学校や教育界に幻灯（今のスライド）の利用を文部省はすすめた。しかし、新しい仕事だから、県庁ではその引き受け手がない。和田さんは、やむをえずその仕事を買って出た。物好きにもほどがあると、和田さんは笑われた。県庁も学校もしきたりばかり重んじて失敗を恐れ、新しい仕事に手をつけるものはいない。今も同じで

ある。和田さんは、スライドを持って、群馬県下をまわり、礫茂左衛門で有名な月夜野という村に行った。そこで、村の人たちの喜びようを見て、異常な興奮をおぼえた」(41)と述べる。

　和田は、その自伝にみずから「これが、後年私が青年指導員、社会教育主事、金山時報、映画教育運動と社会教育畑を進む因縁となった」(35ページ)としている。大正7年から9年の間のことである。これに関連して、斉藤武博は当時の典型的な社会教育者は和田のようなタイプであり、和田は県下全域限無く荷車で駆け廻ったのだろう、と感嘆して筆者に語った。

　それでは、永杉は、和田のどのような生き方にひかれたのであろうか。永杉は和田のエピソードをいくつかあげているが、ここではそのうちのふたつにとどめる。(42)

　　和田さんが、まだ三十代のころ、百合子という美人の芸者がいた。決して彼女は帯をほどかない堅物だ。和田さんは、宴会のあと、たびたび、その芸者と太田の香竜さま参りをした。はじめはぎこちない思いだったが、馴れると百合子は和田さんの下宿に寄った。和田さんは独身である。芸者は、押入れから、垢じみたふとんを出して床をのべ、和田さんを寝かしつけて、お休みなさいと帰っていく。和田さんは生きていた。それで、その余香をたのしんだ。和田さんは、そのころのことを思い起こして、これが若い人の交わりとは限らないといい、さびしからずや道を説くきみ、と結んでいる。そこがよいと私は思う。和田さんは、師魂に徹した人だが、いわゆる道学者流ではない。その清潔さ、きびしさが人の心をうつのだ。和田さんの天衣無縫はそこから来ている。

　　和田さんは役人をやめさせられて食うに困り、映画をかついで、田舎の学校をまわり始めた。ある小学校に行った。すると校長は、代金を、あんたが社会福祉事業に寄付するとでもいうのなら、児童に見せてやろうという。和田さんは、校長先生は、お米を米屋さんから買って米屋をもうけさせるんでしょう。そして、ご自分もそれ

を食って生きてるんでしょう、とやりかえす。

そして、永杉は「和田さんの生活は平凡である。その平凡な生活を丹念に、倦まずたゆまず積み重ねながら、前途に光りを求めて歩きつづける」[43]とその評価のほどを語っている。

● 大塚康平

大塚は、群馬県吾妻郡東村村長を1947年から6期24年にわたってつとめ、67年からは2期県町村会長、74年からは1期県教育委員長をも歴任した。筆者は、「永杉喜輔論」にて、大塚の村政の根底に教育があること、さらに永杉と大塚とのかかわりにおいて、永杉門下の島村利男（平成4年8月17日急逝、当時群馬県生涯学習センター副館長）を大塚が東村の社会教育主事補に採用した経緯、その大塚に永杉が兄事した、ことなどについて述べた。

ここで、大塚の村政を要約すると、「特に県下の自治体に先がけての国民保険の再発足、村有林の売却による学校や診療所の設立、公民館活動に代表される一連の社会教育事業、さらに村史の刊行など」（『群馬県人名大事典』102ページ）となる。

さらに、永杉は「文質兼備の大塚村長」という一文で「三割地方自治などといわれているが、三割にもならないかもしれない。また、三割でもきちんとやろうとする町村長は珍しい。すべては中央依存で画一である。その中で大塚村長は自分の足で地面を踏むのに精いっぱいの努力をしているように見受けられる」[44]と述べている。

そこで大塚の筆になる「村長五選の弁」をみておきたい。これは、永杉を会長とする日本青年問題研究会発行の『煙仲間』第16号（昭和38年8月号）に、永杉の勧めで寄稿したものである。その書き出しは「私は悪名高き五選の村長、私の村は町村合併もし損ねた榛名の北ふもとの人口4000に満たない小さな村である」に始まる。

ここで、大塚の五選の足跡をたどることにする。一度目は、昭和22年の統一選挙であるが「私が戦争中大して役に立たなかったため追放を免れたので、まわりの人達がいつのまにか推薦して、当の本人には関係

なく選挙にはいってしまった。少なくとも私と私の家族とは相手方候補に票を献じたのに幸か不幸か私の手もとに当選通知書が届いたので、少々すねて1週間ほど出てもゆかなかった。事務上困るとも言われ、私もその非を覚って初代公選村長の栄誉をうけることにした」。

　二度目は無投票であり、その出馬の理由は「別段調子づいた訳でもなかったが、4年の任期が少し短いようにも思ったので」とある。三度目は、議長であった人との競争であった。大塚は「街頭に出る気もなかったが相手方でやってるからと言われて私も闘志をわかせることにして、ともかくも正確な情報によって村民に判断してもらうようにもっぱら情報提供者の立場をとった」と語る。そして、四選、五選とも無投票で来てしまい、その結論を「五選の手前味噌をあげるつもりもないまま筆をとったところ、案外そんなものになってしまいそうで、いささか気のひける思い、自己弁護もこの辺でやめないと、あまりみっともいいものでなくなりそうだ。自重、自重」とする。

　井上頼道によると、(45) 大塚の選挙戦は「42年の村長選まで6回。うち3回無投票、3回選挙で争っていずれも勝った」。その選挙の特色の一つは、昭和30年の予断を許さない選挙に、最後の2日間で実に48回の演説を消化し、劣勢の流れを一気に変えたことにある。井上は、元東村村議の唐沢文雄の「驚いたことに、その48回の街頭演説で、一度たりとも同じ話をしなかった。普通の人は繰り返しなんだが、それが違う。そのたびに新しい話題が出て、一度も同じことを繰り返さなかった」という言葉を紹介している。もう一つは、「大塚に周囲が心痛したのは自慢話もしないし世辞も言わない」、「帽子をとってお辞儀をしたり、握手をしたりする人でなかった」、「選挙に酒は相場、その酒を出すことを嫌ったのも大塚である」というところにあった。

　ここで、永杉に戻る。永杉は田澤義鋪の教えを受けているが、その一つとして、永杉の滋賀県庁時代、田澤が講演に来た折りのことである。

　　私は、社会教育課を代表して講師の接待に出かけた。講演がすんで、どこかでごちそうをしようと誘うと、田澤は、ぼくの宿に行きましょうと湖の方へてくてくと歩いて行った。宿は四畳半の粗末な

部屋、彼は女中さんに夕食を二つ頼んだ。たいしたごちそうもない普通のお膳だった。田澤は、今日は、ぼくがごちそうしてあげるよといった。彼としては、そんなことに県の金を使ってはいけないよといいたいところだったろうが、そうはいわなかった。私へのいたわりだ。翌朝帰って県庁にお金を返したら、せっかく出してやったのに……君は役人としては無能だ、と叱られた。[46]

　これで、永杉が大塚に共感した一端がわかる。さらに、いま筆者の手許にある「小さな森の大きな恵み ―榛名山麓・箱島湧水― 」（日本放送協会、昭和63年5月10日放送）に、それを解く鍵があると考える。
　これは、『にっぽん水紀行』第4回の放送であり、このとき大塚はすでに村長の職を去り、83歳であった。これによると、当時の東村は戸数160、人口700、過疎化が進展していた。その傾向は、大塚の村長時代も変わりはなかったと思われるが、大塚は企業誘致、観光開発をいっさい行わなかった。その方針は、村人が出稼ぎに頼らざるをえなくても変わることがなかった。そして、大塚の二代あとの村長飯塚八郎のときゴルフ場がオープンし、その名誉会長は田中角栄であった。1984（昭和59）年9月のことであった。そのゴルフ場に村人約70人が雇用され、その村人に支払われる賃金は村の総生産高と同じという。
　しかし、大塚は言う。我々の今日のこのような生活は、長い間にはぐくまれてきた地球上の蓄積を使い尽くすであろうとし、「そのときに森林はいつも再生産を怠らないで、どんどんどんどん細いながら乏しいながら生産をしている。そういうことがなければ、将来の人間生活は保障されないような気がするんですね」、「開発という言葉は嫌いです。何を開発するのだろうか。(中略) これは、あまりいい言葉ではないですね」と。さらに大塚は「私どもは森林の子ですから、根っから森林なしでは生きていけない感じばっかりする。木がなくなって芝生になっていることは悲しいことですね。小鳥が来てもいるところがないんですよ。兎や山の動物が住むところがないんですよ。鳥も獣も、何かどこかへ行ってしまった感じですね」と語る。
　大塚の施政の「村人が出稼ぎに頼らざるをえなくても企業誘致、観光

開発をいっさい行わない」という方針は、自らの存立基盤、生活基盤を、遠くまで見据えての哲学である。ここに、永杉が大塚を尊敬し兄事した要因があると筆者は考える。

## 二日会の集い

永杉には、二日会という集いがある。この二日会には、前に述べた和田本次郎、大塚康平も、名前を連ねていた。

### 群馬大学における社会教育の始まり
そこで、二日会について説明する前に、永杉が群馬大学に赴任してから、社会教育を講じるまでにいたる足取りを再現しておくことにする。その『自伝的年譜』には、1949（昭和24）年の項に「8月、幸運にも群馬大学学芸学部に拾われ助教授となる。忘れていた英、独語をあらためて学び、ゼミにはデュウイの『学校と社会』の原文をガリ版におこして、学生萩原元昭、福島昭雄、霜田一敏と頭をひねる」とある。しかし、その49年は「社会学」のみ担当し、翌50年から「社会教育」を講じ始め、前述のデュウイ講読は50年の「教育社会学演習」である。(47)

そして、1956年に「群馬県社会教育研究会」が誕生している。(48) その経緯は、「昭和31年度に、群馬大学学芸学部学生のクラブ活動のなかに教育科学研究部ができた。そのなかで社会教育、とくに勤労青年教育の問題に興味をもつ学生が数人いた。（中略）その年度の教育学第三講座の「社会教育演習」（永杉教授担当）は「勤労青年教育の問題」で、前期は、勤労青年教育の理論と歴史を検討し、後期は新田郡綿打村（現新田町綿打地区）教育委員会の後援を得、同村青年団と協力して同村における勤労青年の実態調査を実施した。調査にさきだって、現地で綿打村青年団員と学生との座談会をたびたび行ったり、また県下のほかの青年団を訪問したりしているうちに、学生の社会教育への関心が急速に高まっていった。そういう学生の中で、卒業後も社会教育の活動や研究をつづけたいという希望をもつものも出て来た。そして、その学生たちが、卒業してからも勉強のできるような組織がほしい、それを自分たちの在学

中につくっておきたい、と思うようになった」というところにある。小林元昭 （現在群馬県新田郡新田町立木崎小学校校長）は「群大において社会教育主事資格単位の取得が可能となり、昭和32年3月、社会教育主事の資格を持った者がはじめて卒業する」と述べているが、これも研究会設立の要因であったことがわかる。

　さて、その数人の学生のうち、小林が「県の社会教育課へ行ったら、当時の県社会教育課主事三輪真純が、社会教育研究組織の必要を日ごろ感じていたので、二人の話が合い、群大と県社会教育課との協力で、早急にその組織をつくろうということになった」。そして、その年の11月10日、永杉、三輪、林喜代松（当時群馬県社会教育主事）の3名が発起人となって、研究会設立の趣旨を盛り込んだ案内状が「社会教育に関心をもっている群大学芸学部学生約12名、県教委社会教育主事約20名、県内地教委、公民館職員約15名」などに発送された。これが、永杉の群馬大学を拠点にした社会教育の事始めである。

### 二日会の誕生

　永杉は、また『自伝的年譜』の1952年の項に、「この年の正月2日、学生の小林元昭君ら、3名ほど来てだべる。それが二日会となって年々発展、毎年1月2日、卒業生の設営で各地に集まる」（325ページ）と記すが、これには記憶違いがある。なぜなら、当の小林は、昭和28年の入学なのである。

　このあたりの事情を、小林は「二日会誕生 ―永杉先生を中心に40年―」（『白鳥のあしあと』所収）として、その回顧を行っている。

> 　（その発祥については）いまから約40年ほど前（昭和30年1月2日）、永杉先生に教えていただいた学生4名（星野、福島、小林、高柳）が、現在、県民会館（当時は群馬大学学芸学部）になっている北側にあった先生のお宅（久敬荘「九軒長屋」）におじゃましたのが 二日会のはじまりであります。先生の家族と学生は、何をどうという訳もなく夜おそくまでおしゃべりをしたような気がします。頭の中に残っていることは、奥さんがカレーライスを作ってくれたこ

と、正月二日であったが、学生だったのでお酒もあまり飲めなく、皆なでカレーライスをおいしく食べて帰ったことです。

　昭和31年正月二日、先生の補導生（今の受け持ち学生）9名が、先生のお宅（久敬荘）に集り、誰が言うともなく提案（提案者は不明、「毎年正月の二日に集り語り合いましょう。集まる日を忘れないために二日会と言いましょう」ちょっと不安はあるが……）し出来たのが二日会なのです。

　その翌年1957年1月2日には、「はじめて卒業生、在校生そして研究室の調査でお世話になった綿打村（現在新田町）の河村さん、東大卒の村山さんなど約15名が集まった」とあるように、学外者も集まるようになる。また「二日会は会費もなければ会則も会長もいない。毎年世話人が選ばれ案内状を発送し、出席した者だけが会費を出し、一年に一度酒をくみかわしながらだべるだけであります」、「はじめは、群馬大学二日会といったが、学外の参加者もふえて群馬県二日会となりました。会員は種々様々であり、村長、役人、議員、医師、会社員、用務員、飲み屋のおかみさん、学生……誰でもよいのです。何の義務も特典もない、いやならやめればよいのです。自由自在でありそこから友情が育ち、会員同士で結婚した者さえいるようになり、40年もつづいているから不思議であります」とあり、二日会の基本的な性格を明快に語っているといえよう。因に、筆者の初参加は、高校1年のとき、昭和42年1月2日に高崎青年の家を会場にしたときであった。

　このような二日会であるが、10年目には『二日会10年の歩み』という記念誌が出され、会歌（作詞は会員の阿久津丘、修正を詩人・宮沢章二が施し、曲は栗原大治[49]がつけた）もできた。また、永杉が1975年3月末日に群馬大学を定年退官するに際しては、二日会の一大事業として、その記念論文集『初心忘れ得ず』が刊行された。

## 92年・93年の二日会の記録から

　その二日会の会合の談話が出版物として刊行された。会員の鈴木知明（現在伊勢崎市民病院医師）の努力によるものである。現在、それは2

冊を数え、『こんな二日会あとにもさきにも ―二日会の歴史と社会教育の原点をたずねて― 』（発行日は「平成4年晩秋」とある）、『(続)こんな二日会あとにもさきにも』（平成5年初夏）として刊行されている。すなわち、前著は1992年、後著は1993年、それぞれの二日会の記録である。

　ここでは、まず編者である鈴木の永杉との出会いを紹介しておきたい。鈴木は、当時群馬大学医学部の学生であり、東京の実家に帰省途中、大宮の自宅に帰る永杉と車中で知りあった。鈴木は、すでに永杉の教養課程での「エミール ―教育とは何か― 」の講義を聞いており、それで永杉に話しかけたのである。その鈴木が、学生時代に永杉との絆をどのように深めていったのか、今度は本人の言葉で語ってもらうことにする。

　　私は、医学部だったものですから、教養課程の2年間、先生の研究室でいつもお昼を食べていたんですね。食べながら、いろんなことを話させてもらいました。そして、2年経って、学部を移るにあたって、他の皆さんは4年経つと卒論というのを書くんですけども、私は卒研究室というのを自分で書こうと決心したわけです。ところが、「いったい、何を書いたらいいのかな」と思い悩んだんですね。別に、やれと言われたわけじゃありませんので、やんなくても良かったんですけども、自分でそう思ったものですから……。そして、「これは、自分が一番身近で、しかも今もって心に残っていることを書けば、それでいいんじゃないか」という居直りの気持で書いたのが、この本『子どものあそび』です。（中略）それで、この本を学生時代に出した時には、卒研究室になる間際でして、いつも時間に追われてやったのを、今でも覚えています。その時、思ったんですが、こういった作業をするというのは、私ひとりではできませんで、いろんな人の協力が必要でありますし、いろんな人との理解とですね、支えがないとできないものなんですね。そういったことを、身をもって、まず体験させてもらえたのが、この教養課程の最終段階の仕事でした。それは、生涯教育の第一歩じゃないかなと思ってお

ります。そういうことが、自分が医者になっても、そういう過程というのが忘れられないというか、その過程を拭い去ってはふだんの仕事にならないわけです。そういう心のものさしを与えてくださったのだと思います。(傍点は引用者)

　それでは、鈴木は、その記録集の刊行の意図として何を考えていたのだろうか。ここは、大切なところでもあるので、前著の「まえがき」を引用する。まず、二日会に毎年参加する人も、「その会の経緯を知っている人は、少ないものです」に始まり、例としてダムの建設があげられ、その豊かなエネルギーが人々に寄与するものの「元の川の姿や、地形などは、ほとんど忘れ去られています」と述べ、「しかし、その原点を辿ってみるのは、現在の姿を見直す意味においても、また、将来の姿を見通す意味においても、決して無益なことではないものと思われます」とその意義に言及する。
　そして、「人生こそが教科書なのです」との視点から、「人は、たった一度のトライヤルしか持っていませんし、そのたった一度のトライヤルに価値があるのは、誰に何と言われようと自分自身には嘘をつかない真摯な心を持ちつづけるからであります。／そのような心のエネルギーを秘めて生きる人生は、どの分野においても、共通で必要なエスペラントを産み出すのだと思います」と述べ、最後に「今回、いろいろな人にいろいろな思いを語ってもらいました。おかげで、二日会の原点がおおむねおわかりいただけると思います。そして、この記念集が自分の人生を噛みしめ、あるいは、新たなるエネルギーを内に宿すオアシスになることを願うものです」とする。
　つぎに、参加者の発言をまとめていくことにする。その際、便宜的に「永杉との出会い」、「教育の現状から」に分けて、2、3例ずつあげていくことにする（なお、本節と次節の発言は鈴木の記録集による）。

●永杉との出会い
　ここでは、まず取り上げる人物が、いわゆる永杉研究室の出身者以外の者になっていることをお断りしておく。

例えば、荻原輝明（現在群馬県立高崎北高校教諭）は音楽の専攻であったにもかかわらず、「学生当時から、永杉先生に私は大変惚れちゃいまして、無理矢理押し掛けて、先生の研究室の留守番なんかしたり、コーヒー係したりしまして、いろいろ可愛がっていただきました」と言っている。その荻原は、永杉の何に惚れたのだろうか。

　それに関連する例として、堀越富雄（現在太田市立養護学校教諭）は「専門は国語なんですけども、そちらの授業がつまんなかったもんですから、永杉先生の方に伺いましたら、いつもお話の内容というのが、本当のことを教えてくれるんですね。学校の先生は、だいたい本当のことを教えてくれないんですけども、先生は、全部、本当のことを教えてくれまして、これが非常に頭に残っております。今、教員11年目ですけれども、やっと何となく「あ、なるほど。先生の言われたことは、こういうことだったんかな」という気がするんですが……、うむ、まだ、うそかなと思います。また、10年くらい経つと、「あのときは、やっぱりわかってなかったな」と思うような気もするんですけれども……」と述べている。

　すなわち、荻原が永杉に惚れた要因は、堀越が言う「本当のことを教えてくれる」というところにある、と筆者は考える。それでは、「本当のこと」とは何だろうか。

　ここで、永杉が大学を卒業する際、中学時代の恩師・川越惣市の勧めにより下村湖人に会いに行き、その直後に川越から湖人の『人生を語る』が送られてきたことを想起したい。永杉は、最初これは通俗書と思い放り出した、ところが暇なので読み出してみると「だんだん読まされる。ちっとも難しい言葉は書いていないけれども、何かよくわかる。ひょっとしたら本物ではないか」と述懐している。[50] これは、永杉が湖人に「本物」を直感したことを表わしている。

　さらに、湖人から永杉に贈られた書に「苦悩を通じて愛を感じ愛を通じて創造にいそしみ／創造を通じて真の歓喜に到る　これ即ち生命の／常道である　悟りとはこの常道を体得すること／の謂いにはかならない／昭和十六年晩秋自戒を記して永杉君に呈す　湖人生」とあることも思い出したい。これは、湖人の人生観を端的に表わしたものである。永杉は、

この書を表装し、その内容について「初めは頭の中でわかる。（やがて）わかっていなかったなとわかる経験をする」、「（それでも）困ったときはどうしようもなくなる。しかし、掛軸を見ることにより元気づく」として、つぎのように説明している。

「（当時の我が家は）子どもが風邪をひいている、生活も苦しい、お互いに苦しい、愛があるとかないとかでなくて夫婦喧嘩もしませんわ、している暇もない。（そういう中で）子どもを育てる、子どもの病気がなおりうれしい。これが真の歓喜に到るということで、これは誰でも味わっているわけですよ。気がつかないけれど、親とくに母親はそうです。誰でもが歩む道である。悟りの心境が、そういうことと別にあるわけでない。そうだということがわかれば、それが悟りだ。また、そういうことのなかにしか喜びはない」[51]と。ここに、永杉が「本当のこと」を教え得る素地がある、と筆者は考える。

● **教育の現状から**

末岡基義は、かつて大学で生物学を教え、その後高校に変わり、そこを定年退職後は私立高校に非常勤で勤めた。[52]

その末岡の問題提起は、3点に要約される。一つは「大変、今驚いているのは私が勤めている学校が特別なのかもしれませんけれども、あまりに学校がひどくなっている。今の子供たちは、どうなってんだろうか」と戸惑いを感じているということ。また「今の子供ですから、自己主張が非常に強くなっていますけれども、他人の意見を一向に聞き入れようとしない」ということを痛切に感じていること。さらに「先生方が人間の教育をするんだと、大それたことを口でおっしゃることに、大変疑問を抱いております。そんなことは、簡単にできるもんじゃないんだといった思いが、今私の頭の中にあります」としていること。そして「私の気持の中には、八木重吉が歌った"虫が鳴いてる／いま　ないておかなければ／もう駄目だというふうに鳴いてる"そういう気持で、今、生きています」と語っている。その末岡は、翌年の二日会では「学校って何なんだろう。生徒も苦しんでいるし、先生も苦しんでいる」と悲痛な叫びをあげている。

これについては、永杉が「個性」、「自主性」の理解が間違ってきていると指摘していることが重要である。ここでは、個性についての永杉の見解をあげておく。永杉は「個性を生かすとは、好きなことをやることではない」、「ナマの個性をいっぺんつぶす、型を教える、型に入れる、その型をやぶったところから真の個性が出てくる」、そして「人間はいやでもやらなくてはならないことがある」と述べる。(53)

　竹科達雄（現在東京農業大学第二高校教諭）は、高崎に根差して『文化・集団』という雑誌を「地方からの発信」という視点で発行し、それはすでに第4号を数えている。その竹科は「高校教育の中で、やはりひとつ抱える問題でもあるのかなと思うのは、文部省の大学検定（大検）というのがあります。学校に馴染まない生徒が、一気に飛び付くという点では、大検制度をもう一度見直す必要があるかと思います。もちろん、宣伝もありましょうし、社会的情勢もありましょうが、あんなに高校生にすぐ、大検に向かわせる姿勢が、果たしていいのかなと思ったりしています」とする。

　これに続いて、筆者も「高校時代、高崎高校なんですけど、友人と「つまんない高校だね。こんな高校さっさとやめて、大検の資格でもとって大学に入った方がいいんじゃないか」という話をしていたことがあります。そして、その話を、昔、永杉先生にしたことがあるんですね。そのときに先生は「いや、野口君、3年間かかって卒業することが大事なことなんだよ」と、よく言われまして、私も今にして「確かにそうだったな」と、竹科さんの話を聞きながら、思い出しておりました」と発言している。

　先程の鈴木の発言にもあるように、ひとつのことを成しとげる過程には、いろいろな人の「協力」、「理解」、「支え」が必要であり、まさにその「過程」そのものが重要であるということである。したがって、その過程を学んだ鈴木は、「心のものさし」を得たわけであるが、それは「自分としてはどうやっていけばいいかという基準」と換言することも可能である。

## 二日会とは何か

　ここで、村山輝吉（現在駒沢大学教授）に話題を原点に戻してもらうことにする。

　村山は、まず「二日会はどういうものなのか」との問いに、「確かに、どういう会なのかなって、つくづく思うんですけどねぇ。この会で何をしたというようなことはないわけで……」として、「だから、まぁ、ちょっと飛躍していえば、やっぱり湖人さんの煙が風に吹かれてここに来たようなもので、心と心がつながっているところがどこかあって、それにひかれてと。実際には、皆それぞれの持ち場、持ち場で、あるいは自分のいろんな思いをいろんな形で社会の中に現していると。しかし、そこに何か共通なものがある」とする。

　ここで、村山は「共通なものというよりは……、あっ、それで思い出しました。この間、繰り返し読んで、いい文章だなぁと思って。やっぱり、湖人さんの全集の五巻の『教育的反省』の中に、「主観の孤独と思慕」という短い文章があります」とつづけた。

　この湖人の文章には、二つのエピソードが出てくる。一つは、湖人の短歌「子らが捨てし蜻蛉(あきつ)のむくろその青き眼のしづけさよ藺蓆(いむしろ)の上に」をあげて、村山は「とにかく、子供たちが、とんぼの頭でもむしっちゃったんですかね。そのとんぼの遺骸を見て、目の静けさにぐーっとひかれたというような意味の短歌でした。ところが、その短歌会の集りで、それを発表したら、『目の静けさよ』ということばがなければ、これはいい歌だ、というような批評だったんですね、大部分は。ところが、湖人さんにしてみると、この歌は別に何の価値もないけれども、『目の静けさよ』だけが、大事で作った歌だと。だから、それがだめとなると、湖人さんの主観では無価値になってしまう。それくらい、人間というのは、一人一人、ほんとの主観はわからないんだなと。お互いほんとの思いは、孤独なんだなというようなことを感じたのがひとつと」と語る。

　二つめは、「夜中にふと目が覚める。目が覚めて、あたりを見渡すと、真っ暗の中に、自分の本棚の中に本が並んでいる。何ともいえないその静けさ。これは、ふだん、いくらも本棚を見ているわけだけども、夜中

に何か思いに屈して、たまたま目が覚めて見た本棚の本というのは、ふだん見ている本とは全く違うものだ」という体験をあげる。

　それらをふまえて、村山は「人間の心というのは、たいへんな深みがあるもんで、その奥底というのはなかなかお互いにわからない、孤独なんだなと教えている。にもかかわらず、われわれは、どうしても人を求める。その人を求めるというのは、共通の理解とかなんとかということもあるだろうけれども、決してそれだけじゃない。人をつなぐのは、やっぱり、その人が何を思慕しているのかということに突きあたる。湖人さんの文章では、例えば、キリストだとか、お釈迦さまだとか、孔子さまだとか、そういう名前が出てくるんだけれども、そういう人たちが持っていた理想というか、考えというか、そういうものに対する思慕の念が、人を結びつけるんだ、みたいな文章だったと思います」とまとめる。

　最後に、永杉に言及して「先生なり、あるいは先生の先生であった湖人さんなり、あるいはそれ以外でも、やっぱりそういった人は、本当に孤独に徹しながら、しかも人とつながりたいという、そのあたりのところを本当にわかっている方で、そしてその人が求めているもの自体に対するやっぱり思慕なのかなぁ……。だから、何となく、利害損得なしに、さわやかに、こうやって集まれるのかなぁと、思います」として、「ちょっと、講義調になってしまいました。ごめんなさい……。やっぱり、だんだん、だんだん、そういうのが染み付いてきます。すいませんでした。恥ずかしい……」と照れて終わった。

　ここに、二日会の本質、換言すれば煙仲間の精神が的確に描き出されている。すなわち、「人間の孤独」というものを踏まえた上で、人間は「共通の理解」を求め、さらにその上の段階である「その人が何を思慕しているか」、それが人間を結びつける根本にあるものだということである。

　最後に、この村山の見解の評価について述べておきたい。そこで、煙仲間に現代的視点から問いを発する者の中に、鶴見俊輔、久田邦明（現在神奈川大学兼任講師）などがいることを紹介しておきたい。鶴見は、サークル活動に関して田澤の再評価を求めたが、[54] それに該当するものは湖人の主唱した煙仲間であった。そして「煙のようなものを、気体の力学として抽象的に確実にとらえるのではなく、煙そのものの内部の感

覚をいくらかとらえようとするなどは、普通の学問の道からはそれるだろう。だが、そういう煙の道をなぞることを、私たちは、自分たちの希望とする」[55]と述べる。

また、久田は、煙仲間は「人間の考え方とか生き方を、個人の思想で代弁させたり、抽象的な一般理論へ解消させることによってではなく、人間関係の組み方に着目する方法によって明らかにしていこうとした思想である」と述べ、その論理構造をその組織、目的、活動の３点にわたって検討した結果、その特色を「集団をブラック・ボックスとしないで、正面から検討の対象に据えた点」、「集団をいわばメタ組織、すなわち組織を批判する組織として捉えた点」、「理論化をあくまで実践とのフィード・バックによって進めた点」の３点に整理している。[56]

したがって、村山はこれらの先行する卓説の触れ得なかった点、人間の心の深層にまで説きおよんだことに意義があると考えられる。

## おわりに

筆者は、本稿において、永杉の群馬県における社会教育活動の一端を、永杉をめぐる人物群像に焦点を置きながら論じてきた。

筆者は、「永杉喜輔論」に続くものとして、そのつぎは必然的に「下村湖人論」になるだろうと考えていた。そして、佐高信が『下村湖人』（リブロポート、未刊）を企図[57]していることを知り、その思いに拍車がかけられたものである。したがって、本稿は十分に下村湖人研究の基礎作業ともなったであろうと考える次第である。

ただ、紙幅の関係で、永杉の教育観の詳細は別稿[58]に譲らざるをえなかった。また、煙仲間についても稿を改めたい。そして、例えば加藤善徳の足跡に思いを馳せると、日本の社会教育史研究の貧困さを痛感せざるをえないことを指摘して欄筆したい。

註

(1)「成人式の反省」『永杉喜輔著作集』第7巻所収、国土社、1974年、166～167ページ。以下、同著作集は『著作集』と略称する。なお、その刊行年次は1974年～1975年である。

(2)『社会教育の原点をさぐる』国土社、1982年、79～92ページ。

(3)『下村湖人伝』『著作集』第4巻所収、204ページ。

(4) 同上、207ページ。

(5) 同上、262ページ。

(6)「なくなった雑誌」『戦後を生きる意味』所収、筑摩書房、1981年、131ページ。

(7) 同書を使宜的に利用した。その際、「和田本次郎」の項を除いて、経歴のみの引用にとどめ評言は省略した。また明白な誤りは訂正したが、紙幅の関係で註記は割愛した。

(8)「青少年教育」『社会教育概説』所収、協同出版、1967年、64ページ。最近の研究として、柳沢昌一「近代日本における自己教育概念の形成」『叢書 生涯学習』第Ⅰ巻所収、雄松堂、1987年、君島和彦「浴恩館と青年団講習所」『小金井市誌編纂資料』第30編、小金井市教育委員会、1992年、松浦富士夫「下村湖人の教育思想」『高崎経済大学論集』第27巻第1号、1994年、などがある。

(9)『下村湖人全集』【決定版】第10巻、国土社、1976年、571ページ。

(10) 小川剛「吉田熊次 ―その人と思想― 」『社会教育論者の群像』所収、全日本社会教育連合会、1983年、参照。

(11) その後、東条英機首相の秘書官となる。例えば、深田祐介『黎明の世紀 ―東亜会議とその主役たち― 』〈文庫版〉文芸春秋、1994年、94ページ、参照。

(12)『群馬県人名大事典』408ページ、参照。

(13) この点は、群馬県立富岡東高校教諭藤巻光夫氏に御教示いただいた。記して謝意を表したい。

(14)「上州よいとこ」『著作集』第10巻所収、238ページ。

(15)『群馬県人名大事典』523ページ、参照。

(16) ～ (19)「哀悼志村二郎先生」『著作集』第10巻所収、228～229ページ。

(20)『著作集』第4巻、230～232ページ。

(21) 野口周一「永杉喜輔論」参照。

(22)『著作集』第10巻、324ページ。

(23) 同上、231 ページ。
(24) 群馬師範学校と群馬大学の関係については、『群馬大学教育学部 100 年史』群馬大学教育学部同窓会、1978 年、参照のこと。
(25) ～(27)『著作集』第 10 巻、230～232 ページ。
(28) 『文苑借景』煥乎堂、1972 年、520～522 ページ。
(29) 『著作集』第 4 巻、259 ページ。
(30) 「校歌覚え書き」『文苑借景』所収、542～550 ページ。
(31) 「出もどり」『著作集』第 8 巻所収、119 ページ。
(32) (30) に同じ。
(33) 『昭和 48 年度社会教育主事講習研究集録』群馬大学教育学部、1974 年、94 ページ、および永杉「社会教育主事講習」『著作集』第 7 巻所収、116 ページ、参照。
(34) 『次郎文庫通信』第 3 信、次郎文庫、1975 年、2 ページから転載。
(35) 「まえがき」『点訳奉仕運動はひろがる ―提唱者後藤静香の思想と実践― 』所収、日本点字図書館、1969 年。
(36) 『昭和文学全集 月報』第 58 号、角川書店、1955 年。
(37) 明石晴代には、『「次郎物語」に賭けた父・下村湖人』読売新聞社、1970 年、がある。これは、後に加筆訂正されて『「次郎物語」と父下村湖人』勁草書房、1987 年、となった。この書物の特色は、台湾時代の湖人に紙幅を費しているところにある。
(38) 和田については、『群馬大学教育学部 100 年史』865～866 ページ、および『群馬県教育史』〈別巻人物編〉群馬県教育委員会、1981 年、500～502 ページ、参照。
(39) 「『かまきりの足跡』に寄せて」『著作集』第 10 巻所収、252 ページ。
(40) 『著作集』第 10 巻、254 ページ。
(41) ～(43) 「村夫子、和田本次郎社長」『著作集』第 5 巻所収、92～95 ページ。
(44) 『著作集』第 5 巻、25 ページ。
(45) 「信念を貫き二十四年」『政道に生きる』所収、群馬県町村会、1989 年、186～190 ページ。
(46) 「青年の師父、田澤義鋪」『著作集』第 5 巻所収、144～145 ページ。
(47) 永杉「二日会十年の歩み」『二日会十年の歩み』所収、群馬県二日会、1965 年、4 ページ、また永杉「発刊を祝して」参照。後者は、小林元昭『白鳥のあしあと』

所収、発行は1995年2月予定のため、ゲラ刷りの段階で利用した。

(48) 「群馬県社会教育研究会の歩み」『社会教育研究Ⅰ─勤労青年教育の問題─』所収、群馬大学学芸学部教育学第三講座、発行年記載ナシ、55〜56ページ、および小林「群馬県社会教育研究会の誕生 ─大学と現場との連携の試み─」『白鳥のあしあと』所収。

(49) 『群馬県人名大事典』 178ページ、参照。

(50) NHK『こころの時代』に、永杉は「わたしの生涯学習」と題して出演した（1994年6月26日放送）。その折りの発言である。

(51) 同上。これに関連するものとして「苦悩と歓喜 ─運命と愛と永遠─」『群馬第9回緑蔭禅の集い』所収、群馬県曹洞宗仏教青年会、1972年、17〜31ページ、がある。

(52) 末岡の教育への情熱と見識については、例えば「教育にかける日々」『文化・集団』第4号、あさを社、1994年、25〜35ページ、参照。

(53) 永杉「わたしの生涯学習」。

(54) 「戦後日本の思想状況」『岩波講座 現代思想』第XI巻所収、岩波書店、1957年、76ページ。

(55) 「なぜサークルを研究するか」『共同研究 集団 ─サークルの戦後思想史─』所収、平凡社、1976年、7ページ。

(56) 「下村湖人と煙仲間の思想」『教える思想』所収、現代書館、1989年、312〜328ページ。

(57) 「序にかえて ─『次郎物語』との出会い」『佐高信の読書日記』所収、社会思想社、1992年、3〜6ページ。

(58) 野口周一「永杉喜輔の"人間を見る目・教育を見る目"をめぐって」『新島学園女子短期大学紀要』第12号、1995年2月1日、参照。

【補遺】

　旅館"ひしや"について、『上毛新聞』2017年8月6日付「三山春秋」がその歴史を伝えている。以下、採録する。「富岡市の妙義神社参道沿いに、1804（文化元）年創業の「ひしや旅館」がある。フロントに「HEALTH-GIVING HALL HISHIYA HOTEL」と刻んだ古い看板が掲げられている ▶明治、大正期に日本アルプスを世界に紹介し、日本近代登山の父といわれる英国の登山家、ウォルタ

ー・ウェストン（1861～1940）から、明治期に称した「養気館」の英訳を教わり作った看板とされる ▶養気館には、「気を養い健康に」という意味が込められているという。当時から妙義山で外国人との交流があったことに注目したい ▶ウェストンは地元の妙義山案内人、根本清蔵（1876～1939年）を伴い、12年に鏡岩や筆頭岩を登った。互いを絹のロープで結んで登る近代的な技術を教えた ▶市によると、昨年度の妙義山の入り込み客数は82万人。市観光協会は「山の日」の11日、妙義山に感謝し魅力を発信しようと、妙義神社で登山の安全を祈願し、近くの道の駅で抽選会をする ▶ウェストンは1896年に英国で刊行した著書『日本アルプスの登山と探検』で、<（横川駅は）碓氷峠の南の麓にあって（中略）目の前に、櫛のような妙義山の山体が立ちはだかっている>と記した。富岡製糸場の世界遺産登録は100年以上前、世界に知られた妙義山の魅力を再認識したい。」―

1979.10.21
家庭教育を見直す会
全国大会講師として（箱根観光会館にて）

1969.3.10
ヨーロッパ社会教育事情視察団（アルトハイデルベルクにて）

1958.7
群馬県境町にて夜を徹して語る

# 第Ⅲ章
# 「生活の発見会」運動と家庭教育の復権
## ― 永杉喜輔の家庭教育論の意図するもの ―

永杉喜輔　　　　　　　水谷啓二

（比嘉千賀氏蔵）

## はじめに

　2003（平成15）年、93歳になる永杉喜輔は大宮医師会の看護学校において哲学を講じた。1949（昭和24）年9月に群馬師範学校（現、群馬大学教育学部）の教壇に立って以来、半世紀を超えて倦むことなく人間と教育を語り続けていることになる。
　その永杉は「現代の教育のありよう」において、私の「現在、思いやりの気持ちというのは、いつ、どこで、養われているんでしょうか」という問いに、次のように語った。[1]

　　　親は自分のこどもが人を押しのけても有名大学に入ることを期待して、「勉強、勉強」って追い立てているね。高校も有名大学への合格率を競っている。然るべき立場の人の功績になるからだ。口では平等だの平和だのと念仏のように唱えながら、実は差別と闘争をこどもにすすめているんだ。これはね、人間の生活の中で最も汚いジェラシーを煽ることによって、勉強に追い込んでいるんだ。これじゃあ、ろくな人間は育たないよ。

　永杉の「ジェラシーを煽ることによって、勉強に追い込んでいる」と言い切る見解 ──遺憾ながら今の教育のありよう、社会の本質を衝いていると私には思えてならない。
　その証左のひとつとして、『朝日新聞』2003年6月7日付「群馬版」に掲載された「『くらしは』はいま ──知事選を前に」、6年間一貫教育の中央中等教育学校についての記事がある。すなわち、高崎市内に開校する県立中央中等教育学校の建設費用は約13億円、「『限られた予算の中、ほかの教育費が削られる』と学校側が認め、県教委は同校が成功しても同様の学校を増やすとは言わない。あくまでも『オンリーワン』の特別な教育だ」と伝える。重政紀元記者は、「十数人の親に『納税者』として限られた子だけに恵まれた教育をする是非を聞いてみた。一人が迷った末に答えた。『自分の子どもが入ればこんなにいい学校はない。ただ、落ちたら……不公平教育ですね』」という親の本音を引き出している。

第Ⅲ章　「生活の発見会」運動と家庭教育の復権

　昨今、日野原重明が「日本の教育を考えるときに、モデルの大切さを痛感します」[(2)]と発言したり、教育社会学者の苅谷剛彦は夏子夫人、その恩師大村はまとの共著『教えることの復権』(筑摩書房、2003 年)において、「今、日本の教育界では子どもの自主性を大切にしようと、『教える』ことよりも『学ぶ』ことに重点を置きはじめたように見える」(表紙カバー裏)として、その見直しの必要性を提唱し始めているが、双方の事項とも永杉がかねてより主張していたことである。

　永杉が米寿のときに、そのエッセイを収めた『凡人の道』(渓声社、1998 年)が出版された。その中には、「年をとると、わからないことばかり多くなるものだ」、「みなケンカをしながらお互いに助け合いができる。そういう何でもない日常生活の中で、自然に人間になる」、「あるのは今だけといっても今はない。今が刻々と消えていくのであって、とり返しはつかない。こうしてあっというまに人生は終わる。しかし、それが生き甲斐であって、何万年も生きることが決まっていたら、つまらない人生だろう」、「人間は差異を好む。自分が他人よりすぐれていると思いたいからだ。これはやっかいな習慣である。その習慣を変える習慣を作らねばならぬ」等々のさりげない言葉があり、今も噛み締める価値が十分にあると考えられる。

　その永杉から、私が 30 数年にわたって学び続けてきたことを、私は『生きる力をはぐくむ ─永杉喜輔の教育哲学─』(開文社出版、2003 年)として上梓した。同書は若人にその趣旨を伝えやすくするために、私は永杉との対談という形式で書きおろした。そして、私はこの書をもって、永杉論に終止符を打とうと考えていた。

　ところが、ルソーの教育論をめぐって、はからずもつぎのようなくだりを記すにいたった (254〜255 頁)。

　　　野口　先生とはまだまだ語り尽くしておりません、やっとイント
　　　　　　ロに入ったという感じです。教育は誰のためか、最初の教
　　　　　　育、人間の誕生、自分の発見、自然教育、教師論などなど、
　　　　　　枚挙に暇がありません。
　　　永杉　命があればね。

野口　ありますとも。

　私にとって、『生きる力をはぐくむ』は新たなる出発点となった。そして、冒頭にかかげた永杉の現代の教育のありようの本質を衝いた鋭い舌鋒、このような見解は永杉の中でどのように醸成されていったものなのであろうか。

　また、前掲『朝日新聞』の記事は、最後に親の本音を引き出したものであったが、ここには親が自分の子どもをどのように育てていけばよいかという問題がある。しかし、教育は定型化された方法論で対処しうるものでもない。そこを視点に永杉の家庭教育論の意図するものを検証していきたい。そのための手掛かりとして、今日セルフヘルプ運動として注目されている「生活の発見会」─ それは森田療法の理論を学習し、神経質症をのりこえていこうという自助グループであり、その創設に永杉は関わったのである─ の活動および展開とともに考察していくことにする。

## 森田療法と「生活の発見会」運動

### 森田療法について

まず森田療法について、簡潔にまとめておきたい。その創始者・森田正馬（もりたまさたけ）の高弟といわれる高良（こうら）武久は、森田療法との関わりをその著『森田療法のすすめ［新版］』（白揚社、2000年）において、次のように述べている。

　　森田療法は、もともとは森田正馬教授によって創始されたわが国独特の精神療法である。私は大正13年に九州帝国大学を出て、昭和4年東京慈恵会医科大学において、当時教授であった森田先生のもとで講師を務めて以来、先生の教えを受けて森田療法を行い、昭和12年、先生のあとを継いで慈恵医大教授となり、翌13年先生の死後、高良興生院を設立して神経症治療に従って、現在に至っている。その間、森田療法を実施しながら、多くの学術論文を発表して、森

第Ⅲ章　「生活の発見会」運動と家庭教育の復権

田療法の発展と普及に努めてきた。(4頁)
　これにより森田と高良の関係を知ることができる。さらに、高良は森田療法そのものについて、次のように解説する。

　　森田正馬教授が「神経質の本態および療法」という論文を『呉教授在職二十五年論文集』にのせたのが大正7(1918)年であるから、森田教授が森田療法を創始したのはその前からで、いまから50数年前のことである。当時いわゆる神経衰弱症は、病因論的にも治療に関しても、身体医学的に偏していたのであるが、これとは別に西洋ではフロイトの精神分析学が唱導され、日本では森田の神経症の心因論とそれに基礎をおく新治療が行われたが、両者とも久しい間、主流からはずれているものとみなされていた。
　　しかし森田療法は日本で少数の森田門下によって熱心に支持され、それに関する業績もほとんど間断なく発表されていたので、その真価がしだいに広範囲に認められるようになった。
　　このことは、森田療法が比較的短期間に、相当確実に効果を収めうるという事実によるものであることは疑いを容れないところだろう。同時に、その方法が行われやすいという長所をもっていることも、あずかって力あるものと考えられる（後略）。(4～5頁)

　なお、高良は同著について「本書は神経症治療に従う医者の参考書としても読んでいただきたい。だれにでもわかるように書いたのであるが、内容はけっして本格的な学術論文の枠をはずれたものではないと信ずる」と述べている（7頁）。この高良の啓蒙書に対する執筆姿勢は、後述する「生活の発見会」への広く深い理解とともに称讃すべきものと考える。
　ここで、フリージャーナリストとして森田療法関連の著作をものしている岸見勇美により、一般的な解説を加えておきたい。[3] 岸見はまず横山大観と倉田百三の事例をあげるが、ここでは紙幅の関係から前者の紹介にとどめることにする。
　横山大観には人に言えない悩みがあり、それは緊張すると決まって尿意を催す癖であった。しかも、昭和天皇の即位大典の際に催される晩餐

会に招かれていたのである。当時の大観は、帝室技芸員でもない在野の画家であったにもかかわらず、皇室の特別の思し召しで宮中調度として屏風絵などの大作のご下命を受けるなど、異例のことであった。かねてより、気心の知れた同輩や目下の者たちとの会合では何事もなく終わるのであるが、大切な会合に限って尿意は容赦なく大観を襲って来たのであった。さまざまな努力がことごとく水泡に帰したとき、大観はかかりつけの医師柿本庄六に相談した。柿本は大観の話を聞いて即座に神経質的な症状と判断し、森田とともに大観を診察することになった。

　森田は大観の悩みを聞いて、おだやかな微笑を浮かべながら語り始めた。

　「尿意を覚えたら覚えたままにしておくがよいのです。それを抑え込んだり、感じないようにことさら下腹に力をいれたりしてはいけません。また水分を控えめにしたり余分なはからい事をしてはいけません。ただ、あるがままに、晩餐会に出席し、飲食もし、陛下のお言葉に耳を傾けたりすればよいのです。尿意を感じたら、嫌な気持ちのままに、仕方のないものと自然に服従していればよいのです。そのうちに周囲の話し声や、豪華な宮中の調度に気持ちが移って行き、尿意も不快感もいつしか消えて行くものです。これに反して、もしも漏らしたら大変なことになるとか、いま中座したら不敬にあたるとか考えて、尿意を抑えよう、気分を変えようとすれば、ますます不安になって、いても立ってもいられないようになるものです」―

　大観は何か特別な処方か、よく効く薬の投与を予想していたのであるが、森田は「ただ、あるがままにしていればよい」というだけであり、それは大観にとって思いもかけない言葉であった。また、森田は「出席したいというあなたの気持ちに素直に従いなさい」と語り、大観の心を動かした。

　大観は晩餐会に出席して、即位大典を奉祝することができたのである。ときに1928（昭和3）年12月10日のことであった。

　人はなぜ緊張すると尿意を催したりするのだろうか。森田はそれを人間にそなわっている自然の感情にさからって、意志の力で抑え込もう、自ら思うことを思うまいとする心の葛藤から生まれるものであるという。

通常の人なら、尿意を感じてもそのままにして、日常のことに注意を向け、いつしか忘れてしまうものを、あってはならないことと思い込んで、何か身体的な欠陥のように重大なことと考えやすい性向を「神経質性格」と呼んだ。また、自分が何かにつけてある感じや考えが浮かぶ、それが自分にとって不快であり、仕事や勉強に邪魔になるから、なるべく考えないよう、感じないようにすると、ますますその嫌な感じが強まって、しつこく自分につきまとうようになる。森田はしつこくつきまとって自分を苦しめるから、「強迫観念」と呼んだ。

森田の療法は、大観の強迫観念を診察した前年に倉田百三を治療したことで、すでに識者の間では高い評価を得つつあった。百三は『出家とその弟子』、『愛と認識との出発』などで著名な劇作家、評論家であり、1926（昭和元）年に求道的な雑誌『生活者』を創刊したころから、強迫観念にかかり入院していたのであった。

大正から昭和にかけて、強迫観念や神経衰弱は広く精神の病気と考えられ、隔離して治療する必要があり、そのための期間は長期にわたるとされていたから、森田の学説や療法は従来のものを180度くつがえすコペルニクス的転回だった。

岸見は森田の功績がいかにはかり知れないものか、次のようにたたえている。今日では強迫観念も神経衰弱も、神経症あるいはノイローゼと呼ばれ、病気とは一線を画する考え方が定着しているが、森田は80年前の大正初期にこのような学説を立て、「森田療法」と呼ばれる独自の治療法で、それまで〝不治の病〟とされた患者を救ったのであった。さらにその学説の底流には、老荘の無為自然や仏教などに発する東洋思想があり、物質文明が行き詰まってきた現代で、人間はいかに生きるか、という根本命題をふくんでいる、と。

## 「生活の発見会」の発足と展開
### （1）　永杉喜輔と水谷啓二の交友

水谷啓二は若き日に強度のノイローゼに陥り、それを森田正馬によって救われたことにより、共同通信の経済部次長、のちに論説委員を務めるかたわら、神経質者を相手に「啓心会」という集会をもち、永杉がそ

れに協力して雑誌『生活の発見』を編集、刊行したのであった。

　この間の状況について、やや詳しく述べていきたい。[4]　永杉と水谷の関係は第五高等学校の文科3組に始まる。永杉は「水谷は入学時の成績は1番だったといわれ、しかも1年の時に校友会誌『龍南』に恋愛小説を書き、五高出身の文士・林房雄の後継者と目された。それ以来、ノイローゼになって孤立し、体操の時間に痩せた青白い顔を木陰によせてうらぶれていた。いつか、授業の始まる前に教壇に上がって、黒板に大きく上手な裸体画を描いたのにはみなびっくりした。今から思うと、すでにノイローゼの域にあったんだな」と語っている。

　その後、両者の交流は途絶える。「彼が落第してクラスから姿を消したことにもよるだろう。やがて彼は東大に進み、私は京大へ行った。それから10年して、役人生活に別れを告げて上京、下村湖人と『新風土』を出し、第1号を共同通信の記者だった水谷君に送ったら、実に個性的な雑誌だと褒めた手紙が来て、十数年ぶりに会った」と、永杉は水谷との再会の事情を述べている。永杉は「ところで、十何年ぶりに会ったら、彼の成長ぶりに驚かされた。学生時代の彼を知る者からしたら、新聞記者とは思いもよらないことだからね。そのときの話に森田先生のことが出て、私も大学2年のときに先生の書物に出会ったことをいうと、彼はわが意を得たりと喜んでね。以来、たびたび会うようになったんだ」と、交流復活を語る。

　さて、その『新風土』は1947（昭和22）年の暮に、昭和23年1月号として発行された。同誌には湖人が『次郎物語』の印税を注ぎ込み、編集同人は永杉をはじめ鈴木健次郎、太田和彦、布留武郎、大西伍一、糸賀一雄、和田利男、加藤善徳、吉田嗣延、江崎誠致の計10名であり、永杉が専任であった。

　同誌にはどのような人々が書いていたのであろうか。永杉は「『新風土』は一般雑誌とちがうので、執筆者の選定が一苦労であった。その上、原稿料もろくすっぽ出せないので、いきおい人選の範囲が限られることとなる。ともすれば、四畳半でちびりちびりやりながら、ひとりよがりな話題に自己満足ということになりがちである。湖人ははじめからそれを警戒して、安倍能成、天野貞祐、長谷川如是閑、村岡花子というような

知名の人に書いてもらったが、『新風土』の線にぴったり合うような人が、そうたくさんあるわけもない。名もない雑誌で、よほど共鳴してもらう人でなければ頼めず、種切れになってしまう。それでも、知名作家の和田伝からは、お得意の農村物の『草堂小閑』が、毎月きちんきちんと届けられた。そのほか、連載物では、精神薄弱児の生態をえがいた『愚士銘々伝』、和田杜笙（利男）の俳句評釈、水谷啓二の人生随想『ひとつのいのち』、山田常雄の『検察ノート』などは読者に待たれるものであった」と述べている。[5]

やがて湖人が病気となり、しばらく『新風土』連載の「次郎物語」が書けなくなるという事態が起き、編集責任者の永杉は頭をかかえることになった。永杉は、それまで随筆と経済解説を書いていた水谷が五高生のころ、前述のように小説を書いたことを思い出し、「次郎物語」の休載中のつなぎを頼んだ。水谷は新聞記者の激務の中を、毎月10ページ以上の小説を書き続けたのであった。それは「草土記 ― 踏まれて伸びる雑草のごとく ― 」という、神田小川町の額縁絵画商・河原宗次郎の一代記を小説化したものであった。永杉は「当時としては珍しく真面目な、しかも大人の読物として注目された。おかげで、つなぎができたので、少額でもと原稿料を出したが、彼は自分は作家として無名で商品価値はないのだからと受け取らなかった」とも述べている。[6] 永杉によれば、水谷は友人から守銭奴とも呼ばれていたようであったが、それは自らの目標を見据えてのことであったことが理解できる。

この「草土記」の主人公・河原宗次郎は、若いころ躁鬱症から煩悶恐怖に悩まされ、廃人のようになったが、森田のもとに入院して躁鬱症や強迫観念症を克服、世界的な額縁商として成功したのであった。水谷は河原の感動的な半生をつぶさに聞き、何としても神経症に悩む人たちに読んでほしいとの願いから、『新風土』が昭和24年8月号で休刊した後も続きを書き溜め、『草土記 ―ノイローゼを乗り越えた生き方― 』（講談社、1951年）として出版にいたる。そして同書は読者の心を打ち、ベストセラーになったのである。

永杉は水谷の出版を慶賀し、その肝煎りで出版記念会を開く。政官財界の知人や森田門下の医学者が大勢出席した。なかでも病躯をおして来

席した下村湖人は、「非凡なる凡人を、表現技術の非凡なる平凡さで描いたところにこの物語の魅力がある」(7)と激賞したのであった。

　このような交流を踏まえて、永杉は水谷の『生活の発見』誌創刊に関わっていくことになるのである。やがて永杉は編集同人となり、この誌名も永杉が万座の湯につかりながら思いついたものだと自ら語っている。

### (2)　水谷啓二の人と業績

　水谷については、岸見勇美の『ノイローゼをねじふせた男 ―森田療法の伝道者　水谷啓二の生涯― 』(ビジネス社、1998年) がある。これは最高の水谷伝と称しても過言でないほど、実証に裏打ちされた丁寧な記述で構成されている。また岸見の『われらが魂の癒える場所 ―森田療法と長谷川洋三― 』(ビジネス社、1996年) には、副題が示すとおり長谷川の事績が中心に述べられているが、水谷についても前掲書とかさなる記述がある。

　以下、主に岸見の記述に拠りながら水谷について述べていくことにしたい。

### ①　神経症の発症

　水谷は中学時代から心身を鍛え、物に動じない性格に自分を改造したいと願った。高校時代になると、大胆な人間になりたいという自己改造努力は次第に狂気じみたものになり、次のような逸話が残されている。(9)

　　　17歳になったある日のこと、友人と川べりを歩いていたとき、10人ばかりのよた者に出会った。
　　「あんちゃん、マッチをかせ」
　　と中の一人が近づいて言った。
　　「もっとらん」
　　そっけなく啓二は答えた。おとなしくマッチを取り出して「はい、どうぞ」というのは気の弱い人間のすることだという気があった。
　　数メートル行った所でおもむろに啓二はマッチを取り出し、たばこに火をつけた。吐き出した煙が白く後方に流れていった。

「野郎、待てっ！」
　目ざとく見つけた一人が追ってきた。残りの者もいっせいに殺到してきた。あっという間に乱闘になった。足を払われ、畑の中に突き倒され、何人もの手や足が伸びて殴られ、蹴られ、踏みつけられた。畑土が口の中にめり込んできた。

　また豪雨のため増水した球磨川に飛び込んだり、露天商人のインチキを見破り、「義を見てせざるは、勇なきなり」と大勢の客の前でそれをばらし、あい口を持ったテキヤ風の男に追いかけられたり、それも自己鍛錬と信じていたのであった。
　勉学の面においても、読書に集中しなければならぬ、良い成績をあげねばならぬという観念と、何もできない現実との隔たりに苦しむようになる。やがて不眠に陥り、それを克服するために郷里の家から日本刀を持ち出し、夜中に振り回したりしてみた。一方、同期の宮崎　輝（元旭化成工業会長）たちの猛勉強ぶり、数学では天才的能力をもっていた同室の学生が精神分裂症になり精神病院に収容されていく—もろもろの状況が水谷を追い込んでいった。(10)
　小学生のときには神童と噂され、中学校では開校以来の秀才と謳われ、五高には四修、つまり４年修了で「飛び級入学」したのであった。その水谷が対人恐怖、精神病恐怖、不眠症など数えきれないほどの症状に悩まされ、挫折し、廃人同様になってしまったのである。

② 　森田正馬との出会い
　水谷は父・武揆に無断で高校を休学する。武揆は激怒し、床の間の日本刀を抜き、水谷に突き付け「なんちゅうこ・つばしたか、この意気地なしめ、お前を殺しておれも死ぬ」。母・ハルは「待ってください、啓二は病気だけん仕方なかですたい」と武揆の腕にすがって必死にとめた。(11)
　やがて水谷は、東京に病院をもつ医学博士のいかがわしい本を読み、その治療を受けたいと母から貯金のありったけをむしり取るようにして上京する。ところが、その医学博士の治療も奏効なく、絶望のなかを神田・神保町の古書店街を夢遊病者のようにさまよい歩いた。とある書店

で森田の『神経衰弱及強迫観念の根治法』（実業之日本社、1926年）を見つけ、これが水谷の絶望のなかの曙光となるのである。森田は「神経衰弱は病気ではない、ただその本人が普通の人にもいろいろの場合に当然起こる感覚、気分にたいして、いたずらに執着してこれを病気と信じ、恐怖し苦悩するものである」と説き、水谷はこの言葉によって「精神大転回の契機」を得るのである。

ところが、森田は水谷の入院を許さず、しかも「病気ではないから学校へ行け」と言うので、水谷はやむなく復学し、一年後に五高を卒業する。今度は森田の治療を受けられるものと勇躍上京するものの、森田は「まず大学を受けること、受けなければ入院は許さない」と水谷を突き放すのである。水谷は「仕方なく20日ばかりやけくその勉強をし、東大の経済学部を受験したところ、まったく思いがけなく合格してしまったのである」。

ようやく水谷は入院を許され治療を受けることになったのであるが、森田は診察するでもなく、薬を飲ませるでもない。森田療法では「絶対臥褥」というのであるが、はじめの一週間は寝たきりで、本を読むことも、他の患者と口を聞くことも、起きて歩き回ることも許されない。1日、2日はそれまでの疲労もあってよく眠れるが、3日目以降となると退屈きわまりなくなる。1週間目にやっと起床を許されると、うれしくて何かをやってみたくなるのである。

この間の状況を、水谷は「こうして、患者が自発的にはじめる皿洗いや風呂焚きなどの作業を通じて、いままでとじこめられていた生命力の自然の発動を導き出し、自分が本来もっている向上心、先生の言われる『生の欲望』を自覚させ、同時にいままでの神経症の苦しみが観念的な誤想によるものであることをさとらせるのである」と述べている。その後、水谷は森田を深く敬慕し、慈恵医大の講義にも欠かさず聴講し、その行き帰りのみならず森田が病院や外出の際にもついていき、その鞄持ちをしながら指導を受けたのである。

③　水谷の活動

水谷は森田によって重症の神経症を救われた経験から、森田療法の普

及に使命感をもつとともに、森田の教えを人間の再教育にも応用したいと考えた。[12]

まず、1956（昭和31）年に神経症に悩む若者たちの指導のために「啓心会」を発足させた。この名称は水谷啓二の名から一字を採ったものであろうが、「神経症の人はとかく、心を閉ざしがちなので、お互いに心を啓いて語り合う会というのは、おおいに意味のある」という思想が背景にあると考えられる。具体的には、隔月の第2日曜日に「啓心会例会」を、その他の日曜日に「啓心日曜学校」を開いたのである。ここで話し合われたことは、『生活の発見』誌に掲載され、さらにその意義が深められたのである。

その『生活の発見』は、1957（昭和32）年に水谷啓二、永杉喜輔、斉藤光人、長谷川洋三の4人を編集委員として創刊された。水谷は森田療法の普及になみなみならぬ情熱を有し、永杉は下村湖人の思想を継承したいという、二つの念願から創刊された、と岸見は述べている。

また、かつて森田は自宅に患者を寄宿させ、家庭的雰囲気のなかで日常生活を通して指導したのであった。それに倣って、水谷は1959（昭和34）年に自宅を開放して「啓心寮」を開設、神経症に悩む人たちを入寮させた。ついで啓心会診療所の開設にこぎつけたのは、1961（昭和36）年のことであった。

この水谷の活動がどの程度の社会的認知をえたか、それをはかるバロメーターとして『生活の発見』の購読会員数が考えられる。同誌は季刊、32頁で創刊、約400名の会員に配付され、1年足らずで会員は1000名を超え、創刊満4年目には60頁、隔月刊となり、1961（昭和36）年にはついに月刊誌となり、ついに1968（昭和43）年には100号に到達するのである。

しかし、水谷は共同通信の激務のなか、強い使命感と多忙のゆえに自分の健康を顧みることができないまま、1970（昭和45）年に脳溢血のため急逝した。58歳であった。

(3) 長谷川洋三による「生活の発見会」再発足

長谷川洋三については、前掲の岸見勇美の『われらが魂の癒える場所』

がある。この長谷川伝は実に暖かいまなざしで記述され、岸見は「長谷川洋三の生涯を語るのには、生活の発見会を抜きには語れない。生活の発見会は長谷川洋三そのものであった」（306頁）と述べる。

まずはこのあたりの経緯から明らかにしていきたい。

① 「生活の発見会」の再発足

戦後、長谷川は電通に勤め、出版部での雑誌編集の経験もあった。『生活の発見』創刊の前年から共同通信に出入りし、水谷との交友関係から軽い気持ちで編集委員に加わった。

長谷川は『生活の発見』の編集、割付けを担当することにより、「集まった原稿は全部読みます。すると、どうでしょうか、かつて私が苦悩したことが、そっくりそこにいろいろなかたちで描かれているではありませんか、これが神経質症というものなら、私もまた正真正銘の神経質症だったんだ、とはじめて思い知りました」と語るように、森田療法に開眼していくのである。[13]

ところが、水谷の急逝は啓心寮、啓心会診療所の機能停止にとどまらず、『生活の発見』の発行すら危ぶまれる状況を生んだのである。その背景には森田療法家からの批判や水谷の森田療法の実践・普及の手法にたいする疑義もあった。

ここで登場したのが長谷川であった。水谷の葬儀は「生活の発見会葬」として執り行われ、葬儀委員長は河原宗次郎、長谷川は副葬儀委員長であった。このとき永杉は地方講演行脚中であり、葬儀への出席はかなわなかった。その後、長谷川は「生活の発見会」の新体制づくりに精力的に取り組み、かつ水谷の遺族や門下生の主だった人々に気配りを示した。その結果、長谷川は水谷夫人の承諾もえて『生活の発見』発行名義人となり、新たに出発する「生活の発見会」の運営は理事会の集団指導制とし、また会には理事長を置かず、単に代表理事のみを置くこととなった。

この長谷川の考え方は、水谷の急逝によって会の運営が危機に直面したことから、個人の力の限界を見極め、組織だけは早急に固めなければならないというものであった。したがって、長谷川は『生活の発見』を水谷の個人的色彩の強い同人誌から、会則で会の機関誌として明白に位

置付けたのであった。

　その当時、私は永杉に「水谷先生が亡くなられて、『生活の発見』に魅力がなくなってしまった」と問い質したのであった。(14) つまり、私は『生活の発見』が没個性の雑誌に堕し、面白くなくなったという感想をもったのであった。永杉は、即座に「いや、そうじゃないよ。啓心会は水谷君の私塾なんだ。私塾は一代限りのものだよ。吉田松陰の松下村塾然り。でもね、新しい芽が伸びて、新しい啓心会がつくられたら、これもまた素晴らしいことじゃないかな」と答えた。

② 対立と危機

　長谷川は生活の発見会顧問として、高良武久、野村章恒、近藤章久、新福尚武といった森田療法学者を迎えた。高良は新しい生活の発見会をいち早く認め、長谷川を支持し、長くその後ろ盾となった。高良は慈恵医大の臨床施設が極めて貧弱で十分な臨床実験や研究ができないため、自然の残る東京府下の下落合に治療をかねて高良興生院を開いていた。これは1940（昭和15）年のことであり、1995（平成7）年に閉院するまで、森田療法の研究、臨床に大いに貢献し、多数の若手森田療法家を世に送り出したのであった。また、高良は人間的にも懐の深い、あたたかみのある人柄で、アウトサイダー的な人たちを受け入れる度量をもっていた。これらのことが、生活の発見会の活動に大きく寄与したことはいうまでもない。(15)

　一方、生活の発見会の運営方針をめぐって、新理事会の意見は二つに割れた。水谷門下生の多くは、なお水谷を敬慕する姿勢が強く、水谷の指導方針をそのまま継承すべきだと主張し、理事会の集団指導体制に批判的だった。ことに、水谷門下生たちのリーダー格だった辻村明（東京大学名誉教授）は、「長谷川さんたちの方式は明らかに水谷先生とは違うし、大衆化路線というのも森田療法とは異なるものだ、というのが私の意見だった」と言い、これは他の門下生たちにも共通した考えであった。さらに「素人の集まりが、医師の領域に踏み込んでくるなどけしからんことだ」という根強い批判も存続していた。

　また財政危機にも陥った。これまで生活の発見会は啓心会診療所や啓

心寮の収入に大きく依存していたのであったが、その閉鎖によって収入の道を閉ざされてしまった。加えて、水谷亡き後、水谷を頼っていた会員が相次いで脱会し、一時は1500人近くいた会員が800人程度に半減したのであった。

　長谷川は代表理事として奔走しつつ、この事業が本業とかけもちでできるほど容易なものではないことを日々悟っていった。長谷川の心中には、自分が悩んできた同じ悩みをもつ多くの人たちのために、生活の発見会を立て直し、役立てたいという使命感が芽生えつつあった。それが長谷川の電通退職という決断となるのである。1970（昭和45）年のことである。

　やがて辻村は新発見会から自然退会し、事務所も水谷家から移転することとなった。まさに訣別であった。

### ③　未知なるものへの挑戦

　長谷川は森田療法の集団学習として、合宿が学習活動の突破口になるかもしれないと思いつく。しかし、合宿となれば場所が問題であった。当時は「ノイローゼといえば精神病と同じようにみられ」たり、新聞紙上にも「ノイローゼの母親が無理心中」「ノイローゼで人を刺す」などの記事が掲載され、一般の神経症にたいする偏見、差別感は根強いものがあった。[16]

　長谷川は合宿方式を思いつき、行きつけの小料理屋の女将により、埼玉県越生の名刹・龍穏寺の存在を教わり、その下見に足を運ぶことになる。そのころ、永杉は在野の教育者・和田重正の寺子屋「はじめ塾」の合宿討論会に助言者として招かれていた。そのはじめ塾は小田原にあり、私は当時その近くの大磯に住まいしていた。

　曹洞宗全洞院龍穏寺は東武線越生駅からバスに20分乗り、さらに上り坂を20分ほど行った荒川水系の渓流沿いにある。はじめ塾の合宿所は「一心寮」といい、御殿場線の山北駅で降りて山道を1時間半ほど歩いた丹沢山麓にある。双方とも人里離れ、山懐に抱かれたところに位置する。

　長谷川は永杉の誘いにより一心寮を訪ねた。1970（昭和45）年12月

28日、長谷川が龍穏寺の小林卓苗住職との話をまとめて帰ってから数日後のことであった。一心寮では、昔ながらの竈による炊事、蒔割りや風呂焚き、掃除などを共同でやり、その合間に討論会がもたれた。その夜は一心寮に泊まったが、なかなか寝つかれなかった。1943（昭和18）年、『満州日日新聞』記者であった長谷川は「北満」の入植地に郡上開拓団を取材し、開拓義勇軍の若者たちが合宿、早朝から夜遅くまで起居をともにし、学習を積んでいた光景に胸うたれたのであった。その開拓青年たち、一心寮の青年たちに、生活の発見会の青年たちの姿がオーバーラップして、長谷川の気持ちはたかぶり、「体内から湧き出るような力を感じていた」、翌朝青年たちと背後の山に登り、真っ赤な太陽を眺めながら「昨夜山小屋で感じた力を、ふたたび強く意識した」と岸見は記す。

長谷川は森田療法普及のためになることなら何でもやりたかった。森田療法家を目指す医学生には奨学金を支給したい。優秀な研究者に助成金を出したい。小・中学校の先生方が集まり森田療法の基礎的な理論を教育心理の面から学ぶ機会を、生活の発見会として提供できないものか、さらには森田療法普及事業のために財団を設立したい。長谷川の夢は果てしなく広がっていった。

その夢のうち、財団の設立は22年後の1988（昭和63）年に当時ニチイ副社長であった岡本常男によって実現する。それがメンタルヘルス岡本記念財団であり、岡本はその理事長に就任したのであった。

1990（平成2）年、生活の発見会は再発足して20年を経過した。長谷川たちの始めた集談学習会が20周年を迎えたのである。会員数は6000人に迫り、集談会は全国で110カ所を突破し、今や世界最大級のセルフヘルプ・グループとして内外に認められるようになった。

1992（平成4）年、長谷川は名誉会長となり第一線を退いた。同年、森田の生地・高知市で開かれた第10回森田療法学会で、新設された高良武久賞の受賞者に長谷川が選ばれたのである。岸見は、高良について「医療行為と見紛う自助活動への高良の支援は、一部医家の反発とセクショナリズムを押さえ込んだばかりか、逆に医師や医療機関との緊密な連携プレイを促進する結果となった点でも、高良の高い見識力と洞察力がうかがわれる」と述べる。その高良武久賞の受賞は、長谷川にとって真実

の栄誉であり、何ものにもかえがたいことであった。

### 森田生活道とその意義
(1) 森田療法の位置付け ―「癒す知」の系譜 ―

　今春、島薗進著『〈癒す知〉の系譜 ―科学と宗教のはざま―』(吉川弘文館、2003年)が出版された。著者は東京大学文学部宗教学科の卒業であり、学部生のころに精神医学志望から宗教学へと転じ、やがて「宗教と科学との関係」、あるいは「宗教と心理療法の関係」という視点から、近代宗教または現代人の精神状況について研究していくことになる。

　島薗は『精神世界のゆくえ ―現代世界と新霊性運動―』(東京堂出版、1996年) において、気功、神秘主義、心理療法、自然食の流行について、その理由を考察した。その背景にある「近代合理主義への失望」について、島薗はそれは20世紀最後の四半世紀ににわかに台頭したのではなく、それへの関心はずっと以前からあったと指摘した。『〈癒す知〉の系譜』執筆の動機は、同書のカバー裏にも広告文としてその要旨がまとめられている。そこには、

　　　　医療や諸科学の＜近代的な知＞に
　　　　不満や限界を感じた人々は、
　　　　それに変わる＜癒す知＞＝自然食や
　　　　心理療法を求めた。
　　　　玄米食を尊ぶ正食運動や、
　　　　心身の自然機能により
　　　　神経症を治療する森田療法は、
　　　　宗教や霊性と科学の知をどのように
　　　　融合させようとしたのだろうか。
　　　　痛みや苦しみから解放された
　　　　「生きがいのある生」を探ろうとした、
　　　　もう一つの精神史。

と明瞭に示されている。

最近、島薗は「若者の精神世界の現在」(『教育』2003年11月号、国土社）という啓蒙的論文を発表した。ここで、氏は「三、生活に根づくスピリチュアリティ」（悲しみ苦しみに向き合う集い）において、1980年代から90年代にかけて「なんらかの病や苦悩を抱える人々が集まって、お互いを支え合うセルフヘルプ（自助）の運動も盛んになってきた」（9頁）として、

> 　日本から発展したものでは、森田正馬によって1910年代に生み出された森田療法の新展開がある。若者がかかりやすい神経症に苦しむ者に「あるがまま」を説くこの精神療法は、仏教や養生論など日本の霊性の伝統を引き継ぐものだが、1970年代以降セルフヘルプ運動にかたちをかえて新たな発展をとげた。長谷川洋三らが「生活の発見」会を起こし、医師の権威による治療から患者自身の学習による運動への展開を図ったのだ。この会は1990年には会員6000人を数えるにいたった。(10頁)

と、長谷川の「生活の発見会」運動に一定の評価を与えている。

### (2)　「森田生活道」について

　「森田生活道」といわれるものがある。水谷啓二はラジオ関西の『人間学講座』で「森田正馬と私」と題する講義を行った。1968（昭和43）年12月のことであり、水谷が急逝する三カ月前のことである。その講義概要は永杉喜輔が編集し、『森田正馬の生活道』（柏樹社、1970年）と題してまとめられ、「Ⅰ　人間教育としての森田療法」、「Ⅱ　森田療法の眼目」、「Ⅲ　森田療法と私」、「Ⅳ　森田生活道」の4章より構成されている。

　水谷は「神経質者の福音　―まえがきに代えて―」において、森田療法について「これは本質的には、家庭的雰囲気の中で行われますところの、観念的で甘えたところのある人間に対する再教育あるいは特殊教育でもある、と私は思っております。ここに森田療法が、いままでの観念的教育に対して、大きな革新をもたらすものとして、再認識されなければならない理由がある、と思っております」（5頁）と説明し、観念的な

人間に対する「再教育」、「特殊教育」であることを強調している。そして、「神経質者は、一般に神経症といわれる人たちの中で、向上心や発展欲の強い素質をもった人たちであります」、「森田先生は、これらの神経質の悩みにとらわれて、仕事も思うようにできないで苦しんでいる人たちの、秘められた大きな可能性を見抜かれまして、それを森田療法下の家庭的な雰囲気の中で芽を出させ、たくましく成長させることに見事に成功された、ということができるでしょう」（6〜7頁）とその意義を語った。

　ここで、第Ⅳ章の「森田生活道」の梗概を紹介しておきたい。これは全5節からなる。
　第1節「幻の自己と真の自己」。水谷はまず「森田博士の、われわれに先天性にそなわって生きようとする欲望、あるいは純なる心の働きというものに重点を置いて、隔離された環境の中で行うところの家庭的な作業療法を通じて、いままで眠っていたものを目覚めさせ、それを強力に発動させようとしておられます」と述べる。つぎに新フロイト学派の精神分析学者で森田療法にも関心をよせたカレン・ホーナイの「正しい自己洞察を深めるということに重きを置いて、自分を正しく洞察することを通じて、後天的に形成されて私どもの心の自由を失わせている『幻の自己』の暴虐な力を弱めることによって、生き生きとした成長的な自己の働きを、復活させようとしているのであります」という考えを紹介し、「私ども人間の心におきましては、ほんとうの自己が強く発動すれば、それに相応して『幻の自己』は後退し、薄れてゆくことになります。あるいはまた、『幻の自己』の働きが弱まれば、それに相応して『真の自己』の働きは強まってくるのであります。つまり本来性の『真の自己』の働きが強まるということと、後天性の『幻の自己』の働きが弱まるということは、結局において同じことの両面であるといえるのであります」（49〜50頁）と説明する。
　第2節「フロイトと森田正馬」において、水谷は「東洋の人間洞察に西欧の人々も学ばなければならない」という趣旨から両者の比較を行う。水谷は「フロイトの考えた自我つまり自分というものが、自己中心的に

固定したものでありましたのに対して、森田先生の考えておられました自我は、小我つまり小さな我から、大我つまり大きな我へと成長してゆくものでありました。この成長する自我というものは、まわりの人びとや物ごとを、自我の内容として取り入れつつ、成長し拡大されてゆくものであります」、「東洋では、たとえば孔子がいっているように、『十有五にして学に志し、三十にして立ち、四十にして惑わず、五十にして天命を知り、六十にして耳に順い、七十にして心の欲するままに行って矩を越えず』というように、自我というものを、生きているかぎり成長してゆくものととらえております」（52〜53頁）と語っている。

　第3節「親鸞と森田正馬」では、森田の思想を親鸞の言葉をもって説明する。まず小我と大我の関係について、森田の「我が子の病気の苦しみや悦びは、我身のことのように苦しく、また嬉しいものである。これと同じような心持ちが、さらに進んで兄弟、親友、弟子や隣人、同郷の人などに対して拡張され、その苦楽を我が苦楽とするようになるとき、しだいに自我というものが大きく発展してゆくのである。佛者（ほとけ）の慈悲は、私どもが子どもを愛するように、衆生を愛するといわれるものであって、これがすなわち大我である。神経質者は、すべて自分の苦痛から逃れようとするために、しばしば自分の子をも家族をも、これを犠牲にしてかえりみることのできないことがある。これが小我の執着である」という一文を引用する。そして、水谷は「このような私どもの陥りやすい小我のとらわれから脱皮して、ひとりの人間として当然そうあるべき成長過程に入るのには、自己本来の心というものを深く洞察すること、つまり〈自覚する〉ということが、欠くことのできない大事な要件であります。ただし、ここでいうところの〈自己本来の心〉とは、いわゆる心理作用とか意識作用とかにとどまるものではないのでありまして、生きた生命そのものの全体的な働きのことであります。ここで親鸞のことばを借りて表現しますならば、『自然法爾』のことであります」と説明する（53〜54頁）。

　第4節「努力なくして努力湧く」では、まず森田療法が一名「自覚療法」であるといわれていること、その命名者は京都の三聖病院の院長を務め、禅宗の僧侶でもあった宇佐玄雄博士であり、森田に協力して森田

療法を広めたことから説き起こす。ついで森田の「自己を正しく深く知ることが自覚である」という言葉について、「この自覚とは、自分の日常生活そのものの事実、あるいはその時その場で自分が感じる感情の動きを、ごまかすことをせず、あるいは自らそれをなくしようとすることなく、ただそのままあることであります」と説明する。そして、例をあげて「自分が自己をかえりみて、欲張りであるならば欲張りであると認め、虚栄心が強いならば虚栄心が強い、と事実の通りに認めつつ、今日のなすべき仕事は仕方なしにでもやってゆくことであります」と示して、これが森田のいう「自然に服従し、境遇に従順」な生き方であると語る（55頁）。また、「無理な努力や力み方をする必要は一切ないのでありまして、自分自身のあるがままの事実を、あるがままに認めさえすればよいのです」と説き、さらに「もし、向上心のある人が、自分が怠けて来た事実を素直に認めるならば〈こんなことをしていてはとても一人前の人間になれそうもない〉と感じて、何だか心細くなり、力むということなしにひとりでに勉強し、ひとりでに働くようになって来ます」という例示により、森田療法体験者の「努力なくして努力湧く、妙ならずや」という言葉を紹介する（56〜57頁）。

　第5節「事実唯真」では、水谷は森田が敬虔な信仰に目覚めることを重んじ、「哲学的、科学的と、宗教的表現の三者が一致するものは、即ち常に事実唯真である」と説いたことを語る。つぎに「森田先生は、もちろん科学者、医学者として生きられた人でありますから、迷信的な信仰には決して同調はされませんでしたけれども、人それぞれの人格的向上をもたらすような哲学や、自他の幸福をともどもに実現してゆくようなほんとうの信仰は、十分に重んじつつ、私どもを導かれたのであります」として、「何よりも、日常身近な実行を通じて、自己の本来の生の欲望に目覚めるように、導かれたのであります。この〈自己本来の生の欲望〉は、宗教的な表現を用いることを許されますならば、〈佛性〉といってもよいものであると、私は思っております」と語り続けるのである（58〜59頁）。

　この講義がなされたころ、水谷は高血圧と糖尿に悩まされ、決して芳しい状況ではなかった。[17] 岸見勇美は「啓二は、さらに道を急いだ。虚

飾に満ち、退廃し、混濁する現世から、悩める人を救う道は、正馬の指し示す『森田生活道』しかない。救世の道は森田精神だ、という思いから、啓二は『日本中和生活研究会』の設立を提唱し始めた」と説く。また、最晩年の森田が結核に侵され、日夜喘息に苦しむ死の直前まで、弟子たちに臨床講義をしたこと、運命からの逃避を選ばなかったことを紹介しつつ、「それを啓二は正馬の『悟り』だと感じていた」と記し、「正馬の『人間が本来備えている発展向上心に素直に従って生きる』思想を生活の根本に据えていこうとする『森田生活道』の啓蒙運動は『悟り』を得たものの義務であると啓二は思った」と綴ったのである。

### (3) 「森田療法を検討する」(座談会)

1970（昭和45）年、『月刊 まみず』9月号（第5巻第9号、柏樹社）は「まみず座談会」として「森田療法を検討する ―現代人の不安を救うもの―」を行った。

出席者は青木薫久（根岸国立病院）、斎藤光人（歌人）、谷口豊明（荻窪郵便局）、長谷川洋三（生活の発見会）、布留武郎（国際基督教大学）、和田重正（はじめ塾）、永杉喜輔（群馬大学）であり、永杉が司会を担当した（括弧内は当時の勤務先である）。このうち、青木薫久は啓心会診療所第4代の所長であり、斎藤、長谷川、布留、永杉の4人は『生活の発見』創刊時の同人であり、斎藤、長谷川、永杉は編集委員を務めた。また谷口は水谷の指導をうけ、和田はかつて森田の診療を受けた経験をもつ。

この座談会の内容は、大きく「事実唯真」、「感情の五法則」、「逃げるな」、「挫折がバネになる」、「森田療法と宗教」、「治療者の人間的な力」の6つに分けられる。その中から、私が問題提起したいと考える命題について、順次取り上げていくことにしたい。

まず森田療法の精神療法における位置づけについて、青木は「本来、精神療法というのは、そういう最も人間性に根ざした常識的で当り前で非常に健康的なもので、それで非常に良く効くものが最高のものではないかと思われます」と述べるものの、「そんなところから、森田生活道というふうに一部の方からは言われているわけだけれども、基本的には森

田療法の枠内に位置づけられるものであって、あまりそれだけが先走りして行くと修養とか新興宗教的な色彩をもつ危険性がありはしないかと思うんです」と、森田生活道について警鐘を鳴らす。それを受けて、布留は「森田生活道ということに対して非常に正確な批評があった」と青木に賛同しつつも、「神経症というのは精神病ではなく、神経症を治すというのは、いわゆる治すんではなくて、普通の自然の態度に耐えられるようにするということなんですね。だから教育に通ずるわけですよ」と語る。

ついで、和田に「今の中学生は如何ですか」との問いかけがある。和田は小田原で寺子屋をやっていたのであるが、そのもとを訪ねるのは小中学生のみならず、大学生、社会人にまでおよんだ。私もそのひとりであった。和田は「全体として或る傾向を持ってきたとは言えるでしょうね。つまり、ものを『本気で』やらない、ということですね」と語り、その例として「毎朝山へ行って薪を拾ってくるということを私の寮ではしてるわけですが、或る特殊な子は一生懸命、一杯持ってきますけれど、大部分の者は杉の枝一本ぐらい持って下りてくるんです。私はそういうのはどうも本気じゃないんだと思うんですね」、「格好をつけるとか、人に言い訳がたつとか、権利義務の考えが交っているとか、ここへ来て薪を拾うのは修養のためにするとか。修養のためにするというのはロクなことではないですね」、「そんなことではなくて、薪を拾うというのは必要があってやるんで、とにかく余計な理屈をつけるんじゃなくて、とにかく一生懸命拾ってくる ―そういうふうな生活態度がものすごく無くなってきているんですね」と話す。この状況は現在にまでおよぶと考えられる。

永杉と布留の間で大学生の問題が取り上げられる。永杉が「最近、卒論の相談を受けるのでも、ノイローゼ的傾向が非常に増えましたね。卒論という形式に圧倒されるんですね、何々を引用しなけりゃならないとか……。だから僕はね、字を書いてこい、君の分る言葉で分ったことを書いてこい、そうしたら相手になろう。そうするとみんな割合スムースに書いてくる」と話すと、青木は「正に森田的ですね」と応える。それを受けて、永杉は「私は教員になる者に森田式の療法を応用してみよう

と思うけれども、教師という教師が ―僕もその一員だけれども― 駄目なんですよ。みんな頭だけで」と語り、布留も「僕の学校にも専門のカウンセラーの臨床心理学者がいるけど、学生に聞いてみると色々なことを聞かれるばかりで、当人にとってはちっとも役に立たない、ということで段々遠ざかっていくんですね。結局、適切なアドバイス、何らかの手がかりを与えなければね」と話す。これは森田生活道にもとづいた指導法の必要性が述べられていると理解できる。

ここで、冒頭の青木の森田療法が新興宗教的な色彩をもつのではないかという危惧に戻りたい。青木は「基本的には、ああいう宗教的な色彩はとりはらっていくべきではないかという感じを持ってるんです」と述べる。それに和田が即座に応じ、「そういったような宗教的な色合いというものをなくして行くべきだとおっしゃる ―なるほど理想はそうなんだと思うんですね。しかし、古い意味での宗教的なということではなく、やはり宗教的なというものはどうしても出てくるはずだし、それがなければ現実には人間と人間との間での導くとか、導かれるとかいうものは出てこないんじゃないかなあ」、「何か純粋に科学的にということだけでは駄目なんで、そこに人間的なものがもう少し加わっていくことが現実には必要なんじゃないのかとボンヤリそう思うんですけどね」と語ると、青木も「そんな感じもしないでもないんだけれど、そうですかね」とやはり納得し難いというふうを示す。

そして、青木は「私たちは神経質のとらわれから脱するところまでお手伝いできれば、それで先ず我々の役目は済んだんじゃないか、あまり人間的なことんまでの指導を、森田療法の中に組み込んじゃうと、それ程までの力のある人が何人いるかということになるし、その辺は割り切った方が普遍化するんじゃないか」と提言する。続けて、斎藤が「特殊の素質を持った人格でなければ森田療法ができないということではいけないんですね」と述べている。

私たちは手垢のついた「宗教」という言葉にとらわれをもち、この言葉に言い知れぬ偏見を有している。しかし、真に「宗教」的なものは何かということを生涯をかけて考え続けてきた和田の発言に耳を傾けるべきである。

最後に「治療者の人間的な力」という問題を考える。しばらく発言者の要旨を列挙していくことにする。

長谷川　　他の精神療法と比べますと森田療法というのは教育的な要素がかなり強く出て来ているのではないか、従って治療者の人格というのが非常に大きな影響を持つことになる、治療者と被治療者の関係が他の療法に比べると師弟関係が出てくるんじゃないか、そしてこれが森田療法の特色なんじゃないかな。
和田　　　それで森田療法が科学的であり得るのかなあ‥‥。
青木　　　人生の導師という面があったんですね、森田先生には。けどね、私はそこら辺りはもっとドライに割り切っているんです。やはり基本的に森田療法と言った場合には、神経質のとらわれから脱するまでのものであると。
長谷川　　そういうことにしないと、森田療法のサイエンスとしての発展も普及も望めないと思います。しかし、精神療法という分野では、治療者の人格、性格というものは被治療者への影響というものは非常に大きい。
青木　　　それは確かに言えるかも知れません。
長谷川　　治療者に対する依存性が非常に強い。これが帰依というふうな状況になる。
青木　　　そういう傾向はあります。ですから、これはむしろ治療者が気をつけなくちゃならないんじゃないかと思いますね。
斎藤　　　人生の教師になっている必要はないと思います。
青木　　　森田療法の場へ、禅の道場でこのお師家さんはどの位の心境があるとか、そういう感じで訪ねてくる人があるんです 。
永杉　　　俺を信じる必要はない、ただ俺の言う通りにやれと森田先生はよく言っておられるけど、先生は人生の導師だったのは、実はそういう自覚があったからでしょう。

| | |
|---|---|
| 斎藤 | 森田療法家の先生は、欠点は欠点として認めながら熱心にやって下さり、かつ技術的におよそ誤りがなければ、それなりに尊敬しない者はないと思う。それ以上の人生の導師になっていただく必要はないんじゃないか。ですから、森田療法を受ける方によく遍歴する方がいますけどね、心の問題ですから、そのへんのところは微妙なんですが、A先生がB先生より人格的、技術的に劣るということではないんですね。 |
| 青木 | ちょっとしたお互いの気持の行き違いということです。 |
| 長谷川 | 水谷さんもその点は気にしとったようです。 |
| 青木 | 結局、治療者自身の教育の問題が、森田療法の場合でも今後問われなきゃならない問題になると思う。幼弱な人たちと一緒にやる、そのため自分の進歩、心境の深まりという点では非常に犠牲を払っているわけです。ですから神経質な人が、この先生は心境がすすんでいないと言うのは酷なことで（笑）正に心境のすすんでいない人たちと仲間になってる人たちだから、それほどすすんでいられたらむしろ困るわけですね。そういう意味じゃ、これは療法家の悩みですね。 |
| 永杉 | 治療者の人間性、人間的力という大事な問題が最後に出ました。一番むつかしい問題で、お話はつきませんが、この辺で終わらせていただきます。 |

　ここでは、まず森田生活道の意義について確認しておきたい。ついで森田療法と宗教との関係、治療者の人間性の問題に少しく言及しておきたい。長谷川は森田療法をサイエンスとして位置づけないとその発展と普及が望めないと考えながらも、治療者の人格を重視していることが窺え、双方の立場の間での逡巡も見受けられる。岸見の長谷川伝によると、「洋三も早くから森田療法の教育効果に注目していたふしがある。1970年代に表面化した高度経済成長のゆがみが、人間精神の荒廃を招き、それは戦後教育の混乱から引き起こされた、と洋三は感じていた」と記し、

永杉の「長谷川君は神経症よりも教育により強い関心をもっていた。水谷君がなくなったとき、『生活の発見』誌を長谷川君は教育雑誌に変えようとしていた」という言葉を紹介している。[18]

ただ、永杉は森田療法が宗教的色彩をおびることについては、「啓心会は悪くすると新興宗教みたいになるぞ」[19]と警告したことがあり、その言葉から判断すると宗教的側面を重視し過ぎることには懸念をもっていたことがわかる。

また、治療者の人間性、人間的魅力については、かつて私は永杉に問うたことがある。その記憶を紐解き、誤解を恐れずに記すと「森田療法家に人格者はいない」と即答された。[20] 1968（昭和43）年のことである。これをどのように考えていくかという課題は今なおある。

## 永杉喜輔の家庭教育論

### 親と子で学ぶ森田療法
（1）　森田療法の教育への応用

生活の発見会は、長谷川洋三が代表理事となって以来、森田療法理論の集団学習を通じ神経質を陶冶し、心の健康を増進していこうとする人々の集まりとなった。そして、全国各地で集談会と称する勉強会が開かれ、そのなかのひとつに母親集談会がある。ここでは子育ての悩みを話しあい、助けあっていこうとするものである。

すでに述べたように、長谷川は『生活の発見』を教育雑誌に変えようと意図したこともあり、永杉は「定年後はぜひ手伝ってほしい」と言われたこともあった。しかし、永杉は群馬大学を定年後は女子聖学院短期大学教授となったので、その話は立ち消えになった。

長谷川には『しつけの再発見 ―親と子で学ぶ森田療法―』（白揚社、1984年）という著書があり、その「あとがき」には「森田先生は、森田療法は神経質者に対する再教育であることを強調しましたが、同時に子どもの教育にも役だつことを強調していました。私たちは、集団学習のなかで、まさに自己再教育を進めているわけですが、その体験からしても、子どもの教育に生かせるという確信を抱いていました。個別的な体

験もありました。しかし、森田療法あるいは森田理論のどこをどのように応用できるか、という点になりますと、手さぐりしながら進むほかありませんでした。その手さぐりのなかから、かなり手ごたえのあるものをつかむことができました。とりあえずそれをまとめたのが、本書です」と書かれている。

　長谷川が永杉に協力を依頼しようとした経緯からもわかるように、永杉は京都帝国大学で教育哲学を学び、ことに西谷啓治、木村素衛（もともり）の講筵に親しく侍し、その後は下村湖人に農村青年との合宿生活や座談会などを通じて厳しく鍛えられた教育学者であった。永杉は『親の立場　子の立場　―家庭のなかの人間関係―　』（文教書院、1963 年）の「まえがき」において、

　　　もともとは強い絆で結ばれ、お互いによく理解しあっているはず
　　の親と子なのに、
　　「このごろの子は、まったくわからない」となげく親
　　「どうして親は、こう話がわからないんだろう」とぐちる子
　　　こうした親と子の世代の断層は、どこの家庭にも起こっている。
　　　このような家庭の重苦しい時代の壁を、お互いの立場からどう克
　　服したらよいだろうか。
　　　わたしは教育の研究　―とりわけ家庭教育に関する問題に取り
　　組んで以来、すでに 30 数年になります。

と述べている。ここで取り上げられた嘆きや愚痴は、今でも聞こえてくるものである。ところで、永杉はこの「まえがき」を 1963（昭和 38）年に記しているのであるが、その時点からも 40 年が経過している。

　そこで、本章では長谷川による母親集談会で記録された内容を手掛かりに、永杉の家庭教育論を考えていくことにしたい。

## (2)　母親集談会の記録から

　長谷川の『しつけの再発見』は、第 1 部「学びあい助けあう母親たち」、第 2 部「森田療法における児童教育の考え方と方法」、第 3 部「子育て

のチェック・ポイント」、附「森田正馬はどういう人か」という構成になっている。このうち、第1部は「森田療法理論に学ぶわたしたちの子育て」、「手づくりの親子合宿」、「過保護・過干渉をぬけ出すまで」と3節からなっていて、その第1節が母親集談会の記録である

① 理想の育児を目指した顛末

　ここでの最初の2事例は、双方とも大学の保育科で勉強した母親が理想の育児を目指したものの、現実は思うようにいかずに何もかもにも自信をなくしたり、「生かじりの知識があるので、育児はこうでなくてはならないという意識が強」かったために、上の子が幼稚園に行くのをいやがった体験から、下の子を幼稚園嫌いにさせまいとそれが自分の人生の目的のようになり、その子が無事幼稚園に入ると今度は自分がわけのわからない不安に取りつかれたというものである。そこに「子どもが友だちと遊ばないと社会性が遅れるということに、すごくとらわれてしま」い、「子どもが学校から帰ってきたとたんに『お友だちは？』とか、『今日は誰とお約束したの』って聞くの。それが社会性を育てることだと思っていたけど、子どもにすれば、学校から疲れはてて帰ってきて、昼寝したいかもしれないのに、親が追い出そうとするから、ますます不安定になるのね。自分が安心するために、子どもを外に追い出すというような、すごく自分勝手なところがあることに気づきました」という報告がある。

　それについて、長谷川は「保育の勉強をしただけに、知識はたくさん持っているのですが、その知識に振りまわされて、自分の子どもをよく観察できずに、自分の理想とする鋳型にはめこもうとしていたのです。それが自分のエゴだと気づいたとき、子どものほんとうの姿が見えてきました」と述べている（17頁）。

② 登校拒否　（不登校）

　三つ目の事例は、一番目の子が小学1年のとき登校拒否に悩んだものである。その母親は「ずっとカウンセリングに通っていたんですが、そこでは『学校へ行きなさい』ということは、子どもを追いつめるだけだ

から、ぜったいに言っちゃいけないといわれていたの。それと生活のすべてを本人にまかせるというやり方、これは今でもとてもよかったと思っているのだけれど、いやでも行動することも必要ではないだろうか、といつも心にひっかかっていたの。その後、子どもが学校を休んで3カ月たった頃、主人が『このままではだめだ。学校へ行かせよう。それが社会のルールなのだから』と頑としてはっきり言ったのね」、「私は、今まで受けてきたカウンセリングとまったく反対のやり方だったから、すごく不安があったけど、主人と話しあったのね。うまくいくかいかないかは、まったくわからないけれど、自分の子なんだから親がその責任は取ろう、どこかで子どもを治してもらうんじゃなくて自分たち夫婦の責任でやってみよう、ますます悪くなって一生学校に行かなくなるかもしれないけれども、もしそうなったら、夫婦で勉強を教えればいいんだから、とそこまで話をしてやろうって決めたの」と述べ、さらに「子どもは、親が決心したという、その気迫のようなものを感じていたのね」、「連れて行くのはすごくつらいのね。自分が恥ずかしいのと、子どもがかわいそうなのとね。だけど、あるところで、やっぱり子どもと対決しなくちゃいけないのね」と話した。

　不登校は単に原因を追及しても、どうにも局面を打開できないことが多い。ここでは親が子どもに本気で向き合うということの重要性が述べられている。なお、この報告の見出しは「父親の力は大きい」となっている。それはこの母親の場合は父親との連携も大切で、それは家庭における普段からの夫婦関係が子どもにも影響していることによる。

### ③　子どもを信頼できない

　「子どもの神経質傾向に悩んで」いた母親は、「私のまちがいは、親の思い通りに、子どもを育てようとしていたことです。頭のいい子というか、とにかく勉強ができるというのが人生の最大の目的である、と思って子どもを育ててきて、子どもがあまり親の期待に添わないものですから、劣等感やいらだちが出てきて、常にガミガミと過干渉になって、子どもの自立を妨げていたのですね」、「新学期はいつも出にくくて、1週間ぐらい体調をくずすんです。昨日から学校が始まって頭痛がすると

いうのですが、休まないで、行っています。そういうことに対して、親が動揺しなくなりました」と語っている。

「いい大学を出て先生になりたかったけどなれなくて、結局自分はだめ人間だ、子どもを育てることもできない、と決めて劣等感をもっていた」母親は、この集談会に参加して「子どもというものは、自分で勉強して、努力して、という力があるんですね」、また「私は権威主義の家庭で育って、勉強がすごくきびしかった」ので「私自身は、頭からおさえつけられちゃって、自分にそういう力があることを、経験してこなかったわけね。自然に伸びようとする力があるということを、第一に気づかせてもらったんです。それから、根本は自分の生き方の問題だったのね」と話すまでに成長することがわかる。

④　その他

「中学までは素直で従順、成績もよかったが、高校1年の1学期末ごろから登校拒否となり、自分の部屋に閉じこもる。卒業だけはさせてもらったものの、大学はすべて落ち、アルバイトも長続きせず何十回と仕事を変え、ついには仕事にいかなくなり酒を飲んで暴れる。母親は子どもを立ち直らせなければ死んでも死にきれないという思いで、ある修養会に入る。やがて子どもは仕事するようになったが、まだまだ不十分で母親の方が落ち込んでいる」という事例である。ここで、母親は「私は自分の感情なんてとても自分の思うようにはならないのに、それができると思ってやっていたこと、前にはいっていた修養会で『かくあるべし』といった誤った修養主義におちいっていて、人間はこうあらねばならぬ、こういう気持ちをもたねばならぬ、ということにこだわり、それができないからといって落ち込んでいたんだな」、「二十いくつにもなった子どもを、自分の思い通りにしようとしていたんだな」ということに気づき、「子どもの大きな変化としては、会社の仕事がつらいなどと愚痴はいうんですが、以前のように『こんなバカバカしい仕事やっていられるか！』といって会社をやめることに結びつかなくなりました」と述べている。

また、子どもへの接し方として「できたことをほめてやることが第一」と教わり、「私もほめようほめようとするんですけど、それがわざとら

しくなっちゃって、子どもも『またそういっておだてようとして！』なんて言うのね」と言う母親に、「ほんとうにできたときとか、自分で工夫してやったときにほめてやります。『お母さん、今日こんなにしたよ』っていうことがあるのね。そんなとき、私もいっしょになって喜ぶんです」という意見が出されると、その母親も思わず「過程なのね、結果じゃなくて」と発言するにいたる場面もある。

「子どもに腹を立てて、逆上してひどいこともしたの」という母親は、「腹を立てて怒りすぎては自分で後悔して、子どもにとりすが」ったり、また「あとで『ごめんね』って抱きしめるのはいっさいやめたの。気分本位は子どものためによくなかったのね」という報告をしている。

その他にも幾つかの事例が話し合われているが、ここでは割愛する。最後にまとめとして、長谷川は「大事なことは、母親の自立にあるというところに落ち着きました。母親が人間的に成長して、物事をよく観察し、問題がどこにあるかをつかんで、どうすべきかを判断して、自分の責任で行動するという主体性を確立する方向に向かって行動するようになるならば子どもの自然の成長を妨げることもなくなります。森田理論の学習は、まずその面で、大きなささえになっていることがわかります」と総括している。また、「ここに出席のお母さん方は、それぞれの苦悩を通じて、自分を見直し、それが森田理論に出会う機縁となりました。苦悩がなかったならば、こうした機縁もなく、自分を知るということもなかったでしょう」とも述べている。

**家庭教育論の諸相**

ここで永杉の家庭教育論を述べていきたい。顧みるに、永杉には『永杉喜輔著作集』全10巻（国土社、1974〜5年）があり、また私は『生きる力をはぐくむ』において、その教育論の要諦を明らかにしている。

(1) 家庭煉獄説

本節では、前述の母親集談会の話し合いを踏まえるかたちで述べていくことにするが、永杉はかねてより「家庭煉獄説」を支持しているので、まずそこから説き起こしたい。永杉は、「私は、昔から『家庭煉獄説』

をとっている。ある編集者から煉獄はひどいんで変えてくれとうるさく言われて、『家庭道場説』と表現したこともあるが、本意ではない。家庭というところは、天国と地獄、それぞれどちらへも行ける場所であり、さまざまな葛藤があるということで、煉獄と言い続けて来たんだ」と語っている。

永杉は同説について、前掲『親の立場　子の立場』において、

　　大学生のころ、わたしが教えをうけたひとりの高名な哲学者が、何かの話のときに「家庭は煉獄である」といわれました。家庭はたのしいところと思いこんでいたわたしには、その意味がのみこめませんでした。
　　そこで下宿にかえって辞苑を引いてみると、
　「れんごく（煉獄）Purgatory カトリック教で死者が天国に入る前に、その霊が火によって罪を浄化されると信じられた場所。天国と地獄の間」
　とありました。
　　地獄でしたら落ちっきりであがれませんが、煉獄なら天国にあがる関門です。
　　いつか「焼くは火宅の火」というような文句を、詩の一節として読んだ記憶がありますが、これは人間の煩悩の強さを火事にたとえて言ったもので、その煩悩のかたまりが家庭だという意味で「家庭は煉獄である」と哲学者はいったものと思われます。

と述べている（30〜31頁）。後年、永杉はそれをさらに嚙み砕いて、

　　家庭は煉獄だという説がある。きつい言葉だが、人間はその煉獄を経なければ天国に行けないという説である。人は幸せを求めて家庭を作るが、さて作ってみると、まるで別の人間がくっつき合うので、お互いに欠点だけが目についてケンカがはじまる。しかしそこをくぐりぬけないと社会を作る人間にはなれない。家庭のめんどうをさけるために、近代になって小人数の核家族化が進んで来たが、

そこで育った若者たちの行動を見ると、はたしてこれで平和な社会ができるだろうかと案じられる。人はいろんな人とぶつかってはじめて、「自分」が何者であるかがわかるのだ。その経験を家庭で十分積んだ者がはじめて平和な社会を作るのではないか。

と述べ、[21] 家庭と社会の関係、そして最後に「自分とは何か」という問題が厳然と存在することを示している。

### (2) 理想の家庭

さて、第1節の事例で「理想の育児」ということが出てきたが、永杉はそれについては直接言及していない。それに関連する事項として「理想の家庭」について永杉は、

理想の家庭を描けとおっしゃるなら、すぐにでも描いてみせます。しかし、それは絵に描いた餅で味はありません。それぞれの家庭には、それぞれのもち味があります。それを大切にはぐくむ家庭が理想の家庭でして、はぐくむためにはお互いが建設の努力をしなければなりません。わが家のムードを作りあげるために建設途上にある家庭 ——これが理想の家庭でして、これは他の家庭との比較の上でやれることではありません。その家にはその家の味しかないのです。

として、[22] その家の持ち味を醸し出すための努力、他の家庭との比較の上ではできないことを説いている。育児についても同断である。

### (3) 父親の役割

第2節「父親の力は大きい」について、永杉は「教育の責任は父親にある。それを母親や学校に任せっきりにしている父親も多い。無責任もはなはだしいと平素思い続けていたので」として、孫娘が通っていた南アフリカのイギリス系の女子だけのミッション・スクールの通信簿の話を書いている。そこでは「通信簿はパパにしか渡さないことになってい」て、「それには点数も席次もなく、それぞれの科目について簡単に、具

体的に書いてあり」「最後に校長が『この子の進歩に期待がもててうれしい』と書いてサインしています。まことに心あたたまる通信簿です」と紹介している。続けて、

> ただ、体育の時間に、ときどき臆病なことがあると書いてある。しかし、それを持って帰ったパパは、それを見せもしないし、なんにも言わない。私は、おそらくパパが「体育の時間に臆病だと書いてあるよ」と言うかと思いましたが、なんとも言いません。これが大切な点です。パパ自身が、臆病だと思ったら、その時、パパの責任で叱ればよい。「先生が言ったよ」「通信簿に書いてあるよ」と言うのは、卑怯千万です。親や教師まで、いい子になろうとしたら、いったい子どもはどうなるのでしょう。かわいそうなのは当の子どもです。理解のある親などというのは曲者で、それは無責任というものです。その時は憎まれても、本気で子どもに対していたら、成長のあかつきには、きっとその親を子どもはありがたがるでしょう。
> 　この学校の態度は、その点、まことに見事です。学校としては、パパに対して「教育の責任はあなたにしかありませんよ。しかし学校でも、わずかの時間ですけれどお預かりしていますので、学校の見る眼が、もしもご参考にでもなれば、どうぞ」と、あらわにはそうは言いませんが、ともかくも極めて謙虚な態度なのです。これが学校と家庭との正しい関係だと私は思います。日本では学校が全責任を引き受けたようなことになっていますので、親はそれをよいことにして、学校に責任をおっつけるのです。

と述べ、[23]父親の責任のみならず、学校と家庭の関係にも明快に答えている。ことに「理解のある親などというのは曲者で」あるという指摘は重要であり、要は親をはじめとするおとなは本気で子どもに向きあうことである。

(4)　人生は思うようにならない
　第1、3節「自分のエゴ」の内容は、自分の理想とする鋳型に子どもを

はめこもうとしていたことであった。永杉は、

> 親と子は違うのだ。子どもが親の思うとおりにならぬのは当たり前だ。自分の道を自分で切り開いていく子が最高に親孝行者だ。
> このごろはむしろ子不孝な親が多い。思うとおりにならぬのが人生だということを、親になってやっと気がつくようではおそい。子どものころからそういうことを少しずつ体験させることが教育である。思うようにならないからこそ真剣に考えるので、そこではじめて思考力が身につく。人生は失敗の連続である。思うようになれば自分で考え、自分で判断して実行する力がなくなる。

と語り、人生は思うようにならないものであればこそ、自分で真剣に考え、判断し、実行する力が養われていくことを強調する。[24] また、型にはめないということについて「感じを豊かにすることは、親が教え込むことはできないのです。子どもの感じたことを世間なみの型にはめようとしないで、ひとまずそのまま受け入れることが大切です」として、

> 私が、小学校の3年生のころ「雨の日」という作文を書いて、雨が落ち葉にしゅりしゅりと降つていた、と書きましたら、先生がそれを赤で「ぱらぱら」と直し、それをまた消して「君にはしゅりしゅりと聞こえたのだろうから、このままでよい」と書きそえてありました。私は、その作文を返してもらった時のうれしかったことを今でもおぼえております。庭の落ち葉が朽ちていたためでありましょうか、私にはたしかに「しゅりしゅり」と響いたのです。

という体験を語っている。[25] つまり、子どもの体験、実感をおとなの先入観で左右してはならないということである。

(5) 人生の目的

さて、前章第3節「とにかく勉強ができるというのが人生最大の目的」、「根本は自分の生き方」について、両者はともに関連することであるの

で、永杉の『よい子の条件』(日本女子教育会、1973年)を用いて考えていきたい。永杉は、まず「これを読まれる方々は、自分の子どもをそれとなく見守りながら、『教育とは何だろうか』と疑ってみて下さい。そうすると、きっとあなたのお子さんは、しあわせになるための条件を身につけて育つだろうと思います」と始める。そして「よい子とひと口にいっても、その中身はさまざまです。おとなしい子がよい子なのか、りこうなのがよい子なのか、学校の成績がよい子がよい子なのか」、「人間として何がしあわせか。それがわからないと、よい子の条件もわかりません。人間の性格の根幹は、4、5歳ごろまでにできあがり、それは一生変わらないといわれていますので、子どものときから、しあわせに備えて、その条件をつくってやらなければなりません」として、

> よい子の条件は、子どもが自分で発見することはできません。けっきょく、親がつくってやるよりほかにない。としますと、親がどういう人生観をもって毎日を生きているかが勝負で、それをぬきにして、わが子をよい子にすることはできないということになります。

と述べる。[26] つまり、よい子とは何か、しあわせとは何か、ともに教育に携わる親の人生観、価値観と密接につながっているのである。それにしても、永杉の「『教育とは何だろうか』と疑ってみて下さい」という提言は重要である。

### (6) 誤った修養主義

第4節「かくあるべし」という誤った修養主義について、永杉は「日本人は、どうも『べし』と『べからず』が好きなようだ。勉強すべし、なまけるべからず、これがアタマにくると正直者はノイローゼになり、根性のある者は非行に走る。理の当然だ」と述べ、また「水谷君がよく書いたり、話したりしてましたけれども、森田先生に『三べんまわってワンと言え』と言われて、三べんまわって『ワン』と言ったら叱られたというのがありますな。従順であるべしという理屈でお前はやっているといって叱られた」という話も紹介している。[27]

### (7) 人間の値打ちは努力にあり

「過程が重要」の発言について、永杉は「価値は努力に」と題して、

　　頭がよいとか悪いとかいうことは、これはたいてい生まれつきです。しかし、いくら生まれつき頭がよくても、プラス努力がなければ頭のよさを発揮することはできません。生まれつきはどうすることもできませんが、努力にはきりがありません。ですから、生まれつき頭がよいということは、それだけでは値打ちがありません。値打ちは人間の努力にあります。

と話している。[28]

### (8) 気分本位の弊害

「気分本位に子どもに接する」ことの弊害は説くまでもあるまい。永杉は「わたしは道で、よくこんなけしきを見かけます。母親が子どもをたたいたり、つねったりして泣かせ、『捨ててやる』というような顔をして、さっさとさきに歩いて行く。それでも子どもは泣きさけびながら、母親の尻を追いかける」という例をあげて、「このように母親は思うぞんぶん子どもをふりまわすことができるのです」と述べている。[29]

### (9) 母親の自立とは

長谷川が説く「女性の自立」とは、その説明にしてもわかるようでわからない言葉である。永杉はこの問題をどのように考えているのだろうか。私には、永杉が「母子愛の発達」という論理で理解していると思われる。永杉はルソーの「母親は子どもがしあわせであることを、いますぐにしあわせになることを願っている。この点、母親は正しい」を引用して、次のように述べる。[30]

　　この本能的な愛は母子の間に強烈に発現することができるが、それを越えることは母親にとってきわめて困難であり、新しい状況、たとえばわが子が独立をのぞんでくると、それに対する適応性を欠

くことになる。一体感は相手ができるだけ受身であり、独立を欠くことを必要とする。したがって、子どもの成長を無視して、いつまでも子との一体感を保つことは子の人間形成に対してさまたげとなる。いわゆる母性愛の限界がここにある。真の母性愛は、過去のきずなにだけ執着していることから離れて、子への心理的精神的同感に向かうと同時に、子のより高い価値の実現に心を用うることができなければならない。すなわち、真の母性愛は人間愛を基礎としなければならない。いわゆる母性愛は、努力を必要としない。けれども、それを越えることは、多くの母にとって課題としての意味をもつであろう。

　永杉は「女性の自立」ということを、いわゆる母性愛、すなわち母子愛を越えることであると理解してよいであろう。この一文は永杉にしては珍しく論理的なものであるが、つぎにその発達段階を説くにあたっては、永杉らしく実例をもって行っている。

### (10)　苦悩と創造

　最後に苦悩を機縁として自分を見直すことについて述べたい。永杉は下村湖人から「苦悩を通じて愛を感じ　愛を通じて創造にいそしみ　創造を通じて真の歓喜にいたる　これ即ち生命の常道である　悟りとはこの常道を体得することの謂いにはかならない」という書を贈られたことがある。1941（昭和16）年晩秋のことである。

　永杉はこの書を表装し、この掛軸を見ることにより元気を取り戻すとして、その内容を「当時のわが家は子どもが病気になっている、生活も苦しい、お互いに苦しい。愛があるとかないとかではなくて、夫婦喧嘩もしない、している暇もない。そういうなかで子どもを育て、子どもの病気がなおりうれしい。これが真の歓喜に到るということで、これは誰でも味わっているわけです。気がつかないけれど、親とくに母親はそうです。誰でもが歩む道です。悟りの心境が、そういうことと別にあるわけではない。そうだということがわかれば、それが悟りだ。また、そういうことのなかにしか喜びはないのです」と説明している。[31]

## 家庭教育のあり方

　永杉は「何をしつけるか」と題して、まず「近年、家庭教育学級などで、『しつけ』ということが話題になっております。それは、日本にはいかに『しつけ』がないかということを証明しているのです」、「どうして日本から『しつけ』が失われたか。『しつけ』は生活様式の『しつけ』です。『人間としてのしつけ』などということもいわれておりますが、これはなんのことかわかりません。言葉がはやっているだけで中身がないのです」と述べ、かつての中教審の答申の「飛び級」を話題にした。[32]

　　これこそとんでもないことで、中には飛び級に相当する子どももあるかもしれませんが、それが一般化するととんでもないことになります。われもわれもと教育ママ（実は学校ママ）たちが、わが子を飛び級させようとします。飛び級用の参考書が飛ぶように売れます。すべてこれ商業主義の産物で、迷惑なのは当の子どもです。
　　『孟子』の中にこんな話があります。あるお百姓さんが田んぼに苗を植え終わって、夕方腰をたたきながら「くたびれた、くたびれた」と帰って来ました。2、3日休養するものとおかみさんは思っていましたら、翌朝また田んぼに出て行って「くたびれた、くたびれた」と帰って来ました。またその翌日もその通りです。おかみさんは不思議に思って、ある日そっとあとをつけてみますと、その亭主は田んぼに入って、「大きくなれ、隣の田んぼの苗より早く大きくなれ」と苗を1本1本引っ張っているのでした。これではくたびれるのが当たり前です。苗は浮き上がってとうとう枯れてしまいました。これが飛び級の結果なのです。
　　急ぐことはないのです。引っ張りあげるより、根もとをしっかりおさえてやるのです。竹という植物はもともと南方の産で、南方では節が長くて弱いのですが、日本に来て、風雪に耐えて節が短くなって強くなったのです。節を作るとき竹は成長をとめます。そして根を張るのです。こうして日本の竹は世界一強い竹となりました。
　　そこで「しつけ」なのですが、日本の母親はわが子に何をしつけようとしているのでしょう。おそらく「しつけ」などには関係なく

有名大学に入れるために引っ張りあげることを本心では望んでいるのです。

続けて、永杉は「それとウラハラに『しつけ』が叫ばれていて、母親はそれをウワのソラで聞いているのです。だから、家庭教育学級も政府の希望通りには人が集まらず、公民館では人集めに苦労するのです」と語り、「いったい日本の今の生活で何を『しつけ』るのでしょう」と問い質し、「どうしてもやらなければならない『しつけ』があります。それは公害からわが子を守る『しつけ』です」として、テレビの弊害を断罪した。

　テレビが目に悪いこと、アタマに悪いことは誰でも知っているはずですが、それを実行しないのです。おとなが見るから子どもが見るのです。「子どもはおとなのまねをする」ということが教育可能の根拠ですから、そこのところが「しつけ」の根本で、おとなもなるべく見ないようにし、子どもには物ごころつくと同時にテレビを見ない習慣をつける。これが基本的な「しつけ」として最も大切なものです。ことに早朝から深夜までくだらない番組の流しっぱなしという国は日本だけですから、その公害は物の公害よりも精神の公害として最もおそろしいものです。こんなことを放っておいて何が「しつけ」なのでしよう。

そして、「ある有名なアナウンサーが新聞に『テレビを消しなさい』と書きました。勇敢な発言です」という話を紹介したのであった。
この一件はNHKのアナウンサーであった鈴木健二のことであり、『朝日新聞』の1972（昭和47）年2月23日、3月1日、8日付けの「家の中からの告発」という文章であった。永杉は「鈴木さんはね、『こんにちは奥さん』をやっているうちに、家庭の大切さを知ったというんだ。せめて夕食時にはテレビを消せという。顔と顔を合わせるのが家庭で、それがなくなったら家庭は消滅する、いや人間が消滅する、というんだね」、「私は鈴木さんの投書の数年前にその番組に出たことがあったんで、

彼に敬意を表して手紙を出した。折り返し返事がきて『ほんとうのことを誰でも自由にいえる世の中にしたいものです。しかし内側からの発言は辛いものです』とあった。やがて鈴木さんは海外取材班員となって国内を脱出した」と語っている。[33] 今、鈴木の一文を見ると、的を射た発言であり、今日でも十分に通用する考えである。

このように、永杉は家庭教育の重要性を訴えながら、一方で「家庭教育はやめよう」と主張するのである。[34]

　「事実唯真」─ これは精神医学の世界的名医として今日、欧米でも見直されている故森田正馬博士の言である。博士も若いころ「べし」にとりつかれて、ひどいノイローゼになった。その自らの体験をもとにして、禅をとり入れて、ノイローゼを治した。理屈はない。精神分析をいくらやっても、自分が一歩踏み出す、そのコツがわからないのだ。

　今日の児童心理学も、その危険性なきにしもあらずだ。だから、次郎の母「お民」が、そういう心理学を学べば学ぶほど、次郎はひねくれるにちがいない。そういう意味あいから、私は近来、家庭教育学級やPTAで「家庭では教育をやめましょう」と話すことにしている。

　あるとき、私の教え子で、PTAの役員をしている母親からPTAの講演をたのんできたので「家庭教育はやめよう」という題でどうだと私がいうと、その母親は「結構です」と即答した。聞くと、その母の子は中学生で、母親が昔、大学で教わった心理学や教育学の本を読んでいるのを見ると、ひどくいやがるそうである。その母親は、よくもそれに気がついたものだ。それに気のつかない教師の子は必ずできそこなう。紺屋の白袴の方がまだましだ。私もそのたぐいである。

永杉にはルソーの『エミール』の翻訳があり、その一節「初期の教育は純粋に消極的であるべきです。初期の教育は、善とか悪とか、真理とかを教えることではなくて心を悪から、精神をまちがいから守ってやる

119

ことです。もしあなたがたが、何ごともせず、また何ごとか行われることも許さないですむことができるならば、あなたがたの子どもを、右手と左手の区別さえ知らないというふうに、ひたすら健康に、強壮に、12歳まで導いていけたとしたら、あなたがたの教育の第一歩から、子どもの考える力は自然と開けてくるであろう」を引用している。この冒頭の「初期の教育は純粋に消極的であるべき」という個所について、永杉は、

> これはルソーの教育論で大切な言葉ですが少々誤解をまねく言葉です。何にもしないことを単純にとるとまちがってきます。あくまで「初期の教育」が消極的でなければならないといっているのです。それはまだもののわからない子に無理に教え込んではいけない。わかるには、目や口や鼻や耳などの感覚器官がじゅうぶんに発達しなければならない。それが知性の土台ですから、何もしないどころではなく、いろんな知識や悪いことを子どもから遠ざけておくようにつとめるということですから、かえって大変なのです。つまり、いよいよ物を教えることができるようになるまで、その基礎として、からだをつよくし、悪い癖がつかないようにせよ、というのですから、およそ今日の教育の逆をいくことになりますので、親や教師には、ずいぶんとしんぼうのいることです。ルソーも消極教育というと、何にもしないでぼやあっとしていることだと誤解されそうだということは知っていたようです。

と解説している。[35] また『次郎物語』において、次郎の教育を焦る母親・お民に対する父親・俊亮の「教育しすぎてはいけない」というくだりも題材としている。[36]

ところで、1994年は国際家族年であった。永杉はこれを「国際家庭年」とすべきと考え、審議会で提案したがついに通らなかった、と当時聞いた覚えがある。なぜ家庭年なのか、永杉はつぎのように考える。[37]

> 場合によっては異民族とホームを作るという時代である。早い話がわたしは病妻との二人暮らし、そこにヘルパーの平さんが週3日

3時間ずつ来てくれている。食事を作ってすぐ帰るという決まりだが、いっしょに食べてもらうよう頼んだら聞いてくれた。家庭の一員だ。二人だけで食べるより、はるかに楽しく消化もよい。わたしも病人食をともにするのでますます健康になる。一挙両得だ。
　「族」はいけない。閥に通じる。日本は派閥の国だ。永田町族、学閥、暴力団などでがんじがらめだ。親でもないものを親分、子でないものを子分、兄弟でもないのに兄弟分などと呼ぶ。いまや近代をどう乗り越えるかという時代なのに、「温故」だけで「知新」がない。後悔は甘えの一種だ。民主は自分が主人で、場合によっては孤独に耐える力が必要だ。
　つらいがお互いにそうつとめようではないか。それによってはじめてスイートホームができる。ケンカしながら仲良くするのだ。つぶれた教会を立て直しながら金婚を迎えたある牧師が「こいつめとケンカしいしい五十年」とやったそうだが、見事な夫婦である。結婚してフーフー言いながら夫婦の間をもっていくのだ。

　まさに家庭は煉獄である。その煉獄からどのように脱出するのか。永杉は「家庭というところはつかまえにくいところです。右と思えば左、牛若丸と弁慶の追っかけあいみたいなものです。それもそのはず、家庭は自分であり自分は家庭ですから。そして、自分ほどわかりにくいものはない。わかろうとする相手の自分と、わかろうと努力する手前の自分と、同じ人間なのですからしまつにおえないのです」として、「むしろ家庭教育などというものはあり得ないといったほうがよいかもしれません」とさえ語る。[38]
　それでも家庭教育は存在する。それは永杉が説き来ったように、難解な理念や言葉で表されるものではなく、定型化された方法論で対処しうるものでもない。ここでは「森田生活道」と表現するが、多くの人々が生活のなかで培ってきた叡智にその根がある。

## おわりに

　この春、清川輝基の『人間になれない子どもたち ―現代子育ての落し穴―』(枻出版社、2003年) が出版された。"子どもの危機"が叫ばれて久しいものの、その実態は明確ではない。清川は子どものからだや心の変化を実証的・科学的にとらえ、その原因と背景を探ろうとする。意欲的かつ情熱のほとばしる著作である。
　同書、第2章「現代子育ての落し穴 ―家庭で子どもは育たない―」の副題が示している点について、これは正しくは著者の説くように「家庭 (だけ) では子どもは育たない」(98頁) である。永杉は「もう家庭だけで何かやれる時代はすぎた。家風も家訓もない。うちの子だけでもしつけてやろうと思ってもテレビや映画が片っぱしからぶちこわしてくれるのでせわはない。だのに家庭教育は花ざかりである。いかに家庭教育が行われていないかという証拠である」、「家庭教育にはハウ・ツー (方法) はないといったほうがよい。そこが学校教育とのちがいで、学校には方法がある。しかしその方法を使うには単位をとらなければならない。しかるに、親になるためには何のクレディットもいらぬ。誰でも親にだけはなれる」として、「家庭教育学級」の使命を「親が上等にならなければ子も上等になれぬという道理をしっかりつかむところ」、「学級の母親どうしがお互いに知り合いになること」、すなわち「母親どうしが手をつなぎ合って、お互いの教養を高め合い、それによって地域にしまりをつけることである」と語る。[39] これは1970 (昭和45) 年の発言である。
　第3章「子どもが危ない ―メディア漬けが子どもを蝕む―」では、それが子どもに何をもたらすか、それから抜け出すための具体的な取り組み事例を紹介する。[40] この点もすでに1972 (昭和47) 年に鈴木健二の「家の中からの告発」がある。
　以上2点の指摘は、清川の著作を貶めるためのものではない。永杉たち先人の取り組みの方向が間違っていなかったことを示すためである。
　第4章「21世紀型子育て・子育ちシステムの構築」、第2節「子どもが"人間になる"ために、いま何が必要か」において、清川は「子ども

たちが乳幼児期からからだと心を健全に発達させ、社会性を獲得しながら成長していくためには、そのための場所とそのための時間を子どもたちに〝社会的に〟保障することが必要な時代となっている。子育て・子育ちの『場』を再生し、『時間』を確保することが当面の課題なのである」と述べ（176頁）、「子育て拠点・子どもの居場所を全国につくる」ことを提言する。

居場所論・青少年教育方法論を専門とする萩原建次郎（駒沢大学）は、『生きる力をはぐくむ ―永杉喜輔の教育哲学― 』の「解説にかえて」に、「永杉喜輔の教育哲学に連なる世界 ―下村湖人と田澤義鋪の研究から― 」をお寄せくださった。そのなかの「永杉喜輔・下村湖人・田澤義鋪の教育哲学の今日的意義」において、私たちがなぜ永杉、湖人、田澤に魅了されるのか、教育学者の立場から論じられた。本稿の趣旨に大いに関わるので、煩を厭わず引用する。

「私が彼らの思想と実践に着目するきっかけとなったのは、ここ20年で子ども・若者世代を中心に立ち表れてきている居場所の喪失感覚の広がりにあった。いま、子どもたちの世界ではテレビやインターネット、携帯などのメディアを通して匿名かつ大量の情報が押し寄せている。彼らは『今だけ』という刹那の中で欲望をかきたてられ、小さな消費者へと変貌してきている。そうした情報化社会と消費社会の状況が、空虚な自己と生きる意味への渇望を生み、子どもたちの生命力を見えない檻の中に閉じ込めてしまっているように思われた」、「その原因解明と問題解決への手がかりを求めていた過程で湖人と田澤の思想に出会い、そこに解決の手がかりがあるのではないかという直感が与えられたのであった。居場所の喪失感覚のルーツをたどっていったときに、戦後日本の科学主義と物質主義への傾斜、実体化できるものだけを信じてきた結果として生じてきているのではないかという認識をもつようになったのである。いいかえれば『客観的』『科学的』という言葉の重力に引き込まれ、『目に見えないもの』のみを拠り所として築き上げた世界が、『わたし』という居場所が失われる感覚と表裏一体であるという認識である。それは、敗戦の衝撃によってそれまでの日本の精神世界をことごとく否定し、精神の空洞化を生み出してきたことと表裏一体であるように思わ

れた」、「このような今日的状況に必要なのは私たちの日常を支えている暗黙の知恵、『生きる力』と、それに目覚める感性と知性を再び取り戻すことではないか。そのための道標がもとめられているように思われた。また、それを広く西洋世界や東洋世界に求めるにしても、自らの足元にそれらと接続する精神的な土壌がなければ上滑りする。だからこそ、今一度日本という場所で培われてきた思想を見つめなおす必要がある。そう考えたのであった」（297〜298頁）。

「湖人も田澤も教育思想史の中では無名に近いが、むしろ名を残さずに道を残す生き方自体が彼らの思想の特徴でもあった。名にこだわらず、煙のようにつかめない道の世界を感じて生きる。そうした世界が私たちの見失っていた精神世界だとすれば、歴史記述の中ではこぼれ落ちる名もなき庶民の世界にこそ、輝く星の砂があることを教えてくれる」（300頁、傍点は引用者）——湖人と田澤の思想と実践の重要性を一貫して伝道してきたのが永杉であった。

その永杉が関わり続けてきた「生活の発見会」運動は、森田生活道を主唱し、1970年代以降セルフヘルプ運動として、幾多の困難を乗り越えて新たな展開をとげ、それが今日一定の評価を得ている。一方、永杉の家庭教育論には森田生活道につながるところが多々ある。そして、今ほど家庭教育の「再生」というよりも「復権」が求められているときはない。したがって、この運動に着目し、そこに家庭教育復権の可能性を模索する途があることを指摘して欄筆したい。

## 註

(1) 野口周一『生きる力をはぐくむ —永杉喜輔の教育哲学—』(開文社出版、2003年) 237～238頁。

(2) 「91歳・私の証 あるがまま行く」〈教育について クラーク博士の足跡は〉(『朝日新聞』2003年4月19日付)。

(3) 以下、岸見勇美『森田正馬 癒しの人生』(春萠社、2002年) 7～15頁に拠る。なお、渡辺利夫『神経症の時代 —わが内なる森田正馬—』(ＴＢＳブリタニカ、1996年)は「煩悶する倉田百三 一人は何に苦悩するか」を見事に描いてみせる。

(4) 『生きる力をはぐくむ』155～156頁。

(5) 「下村湖人伝」(『永杉喜輔著作集』第4巻所収、国土社、1974年) 271～272頁。

(6) 『永杉喜輔著作集』第4巻、272～273頁。

(7) 水谷啓二「平凡道を非凡に」(『一教育家の面影 —下村湖人追想—』所収、新風土会、1956年) 172頁。

(8) 『生きる力をはぐくむ』11頁。

(9) 『ノイローゼをねじふせた男』27～29頁。

(10) 『ノイローゼをねじふせた男』30～36頁。

(11) 以下、『ノイローゼをねじふせた男』39～45頁、『われらが魂の癒える場所』138～140頁に拠る。

(12) 以下、『われらが魂の癒える場所』140～141、145～146頁。

(13) 以下、『われらが魂の癒える場所』141、146～149頁に拠る。

(14) 『生きる力をはぐくむ』158頁。

(15) 以下、『われらが魂の癒える場所』149～162、190～191頁に拠る。

(16) 以下、『われらが魂の癒える場所』165～174、290、294、298頁に拠る。

(17) 『ノイローゼをねじふせた男』200～201頁。

(18) 『われらが魂の癒える場所』208～209頁。

(19) 『ノイローゼをねじふせた男』177頁。

(20) しかし、渡辺利夫「岩井寛の生と死 —森田正馬の精神を継ぐ」(『神経症の時代』所収、175～221頁)には胸をうたれる内容と迫力がある。それは森田療法に命を賭した岩井の生きざまでもある。

(21) 「三つ子の魂百まで —家庭教育の再認識—」(『柏樹』第151号、柏樹社、1995年) 17～18頁。

(22)「茶の間の教育学」(『永杉喜輔著作集』第2巻所収、国土社、1974年) 232頁。
(23)「親子四代」(『家庭のなかの父親』所収、国土社、1981年) 113頁。
(24)「煙仲間のこころ」(『凡人の道 —煙仲間のこころ—』所収、渓声社、1998年) 75頁。
(25)「子どもの成長過程を追って」(『永杉喜輔著作集』第1巻所収、国土社、1974年) 154頁。
(26)『永杉喜輔著作集』第2巻、188~190、196頁。
(27)「父親の理想像 —『次郎物語』にみる」『家庭のなかの父親』所収、98頁、「森田療法を検討する」(『月刊 まみず』1970年9月号) 42頁。
(28)『永杉喜輔著作集』第1巻、191~192頁。
(29)『永杉喜輔著作集』第2巻、109~110頁。
(30)「家庭というところ」(『永杉喜輔著作集』第1巻所収) 310頁。
(31)野口周一「永杉喜輔と煙仲間」(『群馬にみる 人・自然・思想 —生成と共生の世界—』所収、日本経済評論社、1995年) 255頁。
(32)以下、『永杉喜輔著作集』第2巻、226~230頁に拠る。
(33)『生きる力をはぐくむ』249~250頁。
(34)『家庭のなかの父親』99頁。
(35)『永杉喜輔著作集』第1巻、196頁。
(36)「家庭の事情と子どもの教育」(『永杉喜輔著作集』第1巻所収) 348頁。
(37)『凡人の道』129~130頁。
(38)『永杉喜輔著作集』第1巻、348頁。
(39)「教育随想」(『永杉喜輔著作集』第7巻所収、国土社、1974年) 381~382頁。
(40)最近の新聞記事からも、「コドモたちはどこにいるの?」は「ノーテレビデー」で「消して気づいた子の姿」が報じられ (『朝日新聞』2003年7月24日付)、「今週の異議あり!」では門脇厚司 (筑波大学教授) が「テレビ漬けの夏休み」を憂い、「子供に『見ない日』の提案を」行い、「親をはじめ大人と過ごす時間が」「『社会力』をつける」と主張している (『毎日新聞』2003年8月7日付)。

## その後の研究状況

### 1 永杉の著書についての補遺

（1）『教育社会学』（玉川大学通信教育部、1954年）：この書籍は、現在国立国会図書館を始めとして、玉川大学にさえも所蔵されていない。但しその改訂版が同じ書名で発行されているのであるが、所蔵状況は変わらないので、筆者は村山輝吉より拝借した（玉川大学通信教育部、1970年）。永杉は「まえがき」において、「通信教育テキスト『教育社会学』を書いたのは昭和28年で、それが29年の2月に発行された。まだ『教育社会学』ということばが耳新しい時分であった。それからもう16年たった。ようやく教育社会学が一般にも認められるようになってきたとはいえ、まだ、教育学からも社会学からもままっ子扱いされがちである」、「改訂を頼まれたのが昭和43年であった。それがやっと2年目にでき上がったのは、その間教育社会学は何であるかをわたしなりに再考し続けたからであった。そうして、ペンをおろしたら一気に書きおえた。ほとんど参考書なしに自分の言葉で書きつらねた。だから、これは、いわば『わたしの教育社会学』である」と述べている。それ故に、永杉が自分の言葉で著しえたところに価値がある。一読すると永杉の真骨頂は直ぐに出てくる。次いで、コント、デュルケーム、ジェームスの立場を紹介し、「右の二つの立場での研究には終わりがない。試行錯誤の連続である。それは明日に向かって行動を起こすための手段、道具として役にたつもの、デューイのいう道具主義 instrumentalism である。道具は道具として使わなければならない。受講者はこのテキストを道具として使い、日ごろの教育実践をふり返っていただきたい。そして教育という現象を自分もその中に入れて考えていただきたい。そうすることによって、わが国の教育界が特殊社会から解放されて教育が生活の事実として認識されるようになったら、このテキストも少しは役にたつというものであろう」と語るのである（傍点は引用者）。永杉にとって、この傍点部分が重要なのである。

なお同書には、『「教育社会学」学習指導書』（玉川大学通信教育部、1972年）が別冊としてある。永杉はその「まえがき」にも、「本書の目的から、

教育社会学の全般にわたることをあえてしませんでした。それは本書を読む人のすべてが教育社会学を専攻するのではないからです。現職にある人、ないし教師を志す人たちが、教育をできるだけ広い視野で考えかつ実行するきっかけになるようにとの配慮から」と、テキスト執筆の姿勢を明らかにしている。そして「受講者はまず、テキストをひととおり通読していただきたい。そしてこれまでの自分の教育観と照らし合わせ、どこにギャップがあるかを確かめていただきたい。そのギャップを埋めるには、テキストのどの部分を精読すべきか。そこに焦点をしぼって、レポートをまとめてほしい。自分のテーマを決めて毎日の新聞に出る教育問題や雑誌のそれなどを自分のものにして、自分でしか書けないレポートを提出してほしい」、「教育社会学は教育研究の一つの立場です。教育に関するもろもろの学科、および社会学、心理学、哲学、医学など、すべて関連学科です。それをただ関連させるだけでなく、自分の考えにまるめ込むのです。わからないところはわからないとして、ムリにわかったような顔をしないこと。学者のなかでは自分のわからないことを、ただ言葉だけで言い表わす人もありますが、それは真の学者ではありません。真の学者はあなた自身です。人生は教訓に満ちています。しかし、それを学びとるものはあなた以外にはない。あなたから離れた学問は無意味です」と述べる。最後に「試験問題」について本書19〜20頁で述べたことを通信教育受講者にも求め、結語は「大学は遊ぶところではない。自分の人生を豊かにするところです」と説くのである。

(2)『家庭の中の父親』(国土社、1981年)：永杉は「まえがき」において、「教育の責任は父親にある」と問題提起し、自らの体験を中心に、下村湖人とルソーの父親論を加えた。

(3)『社会教育の原点をさぐる』(国土社、1982年)：永杉は「まえがき」において、「教育の荒廃はいたれり尽くせりとなった」と筆を起こし、「社会教育には専門職員が少ない。学校教師や市町村の一般職から入ってくる人が多い。学校の教師は学校という閉鎖社会の中で視野が狭くなる」、「一般職から入る人も、自分の受けた学校教育のクセが身についている

ので、教育を学校教育の線でしか考えない。その結果が、今日の教育荒廃を招いたと思う」と述べる。

　(4)『いま「エミール」が生きる ―社会と教育』(国土社、1986年)：永杉は「まえがき」において、「いま、教育の荒廃が叫ばれていますが、物ごころついて70年をこえた私が、これまでに経て来たどの時代も『これでよい』ということはなかったように思います。よい人間にしようと、いつの時代にも、いっしょうけんめい教育をしてきた結果が、こうなのです。いったい教育とは何なのでしょうか」という問題点をあげた。

　(5)『凡人の道 ―煙仲間のこころ』〈渓声社、1998年〉：本書は「ひとり暮らしのひとりごと」、「ただわれ一人在り＜講演と講義＞」、「煙仲間のこころ」、「まぐれ人生 ―わが人生を語る」、以上4章を柱としている。講義録には「『次郎物語』第5部を読む ―大宮市医師会看護専門学校」が収録され、永杉が働く若者に何を伝えようとしていたかを知ることができる。「まぐれ人生」は筆者の問いかけに答えたものであり、永杉が下村湖人から何を学んだか、それが平易に語られる。

## 2　ヨーロッパ社会教育事情視察

　永杉は1967, 69年の両年度、2月から3月にかけて、ヨーロッパ社会教育視察団を組織、自らが団長となり渡欧した。その67年の団員の見聞録が『ヨーロッパで見て感じたこと』として、永杉みずからガリを切りまとめている。永杉はこのような労を全く厭わないのである。そこに、永杉の「視察団結成の趣旨」が再録されている。

　ここで重要なことは、田澤義鋪、下村湖人の「煙仲間運動」の提唱から筆を起こしていること、「縁あって結ばれたこの仲間を末長く大切にしたい」という点、目覚ましい高度経済成長とは裏腹の方向に突き進む日本社会の中で育ちつつある青少年は両先生の願いに応えることができるかという問いかけ、それに「その成否は私どもの肩にかかっております」という責任と自覚にある、以上の2点である。

　また「社会教育の集会など、見てもつまらないので、むしろ社会教育

以前の問題、つまり社会の成り立ちと構造、お国柄を自分の眼で見とどけることにつとめた。ひるがえって日本を見るためであった」とも明言している。ここに永杉の慧眼を見ることができる。

　以上、拙著『ぐんまの社会教育』42～45頁、参照のこと。

### 3　教育と福祉

　永杉は群馬大学の講義「児童福祉」を担当したことがあり、その時はテキストに糸賀一雄著『福祉の思想』（日本放送出版協会、1968年）を用いた。糸賀は近江学園の創立者であり、学園建設の苦闘を『この子らを世の光に ―近江学園20年の願い』（柏樹社、1965年）に著し、「精神薄弱児の父」と慕われていたのであった（現在、精神薄弱児は知的障害児と呼ばれている）。

　筆者は「永杉と糸賀に惚れた青年」という一文を書いたことがある（『ぐんまの社会教育』51～62頁）。その青年は貞松直孝、大学卒業後に国立コロニーのぞみの園に勤め、永杉の同所における講演記録「精神薄弱児の福祉 ―糸賀一雄の人と思想」（1974年）に接し、魂を揺さぶられた。貞松は永杉の許を訪ね、やがて糸賀にも傾倒していく。貞松はその数年後に『施設の灯』（あさを社、1981年）を上梓した。この書は、第1部「この子らに学ぶ」、第2部「福祉とは ―永杉喜輔先生に聞く」からなっている。筆者は、「津久井やまゆり園事件」（2016年7月26日）の惨劇を機に、「糸賀一雄小論」を書き、貞松の「福祉とは」の要旨を再録した（『人物研究』第38号、近代人物研究会、2016年）。

### 4　永杉の説く教育力

　「教育力」という言葉は齋藤孝著『教育力』（岩波新書、2007年）刊行以降、「教育にたずさわる者に求められる力・資質」として人口に膾炙してきたと思われる。永杉は、「教育の根本は『自分を生きる』ということを自覚すること」と語っていることから、筆者は永杉の説く「教育力」とは「自分を生きること」「自覚する力」、あるいは「自覚せしめる力」と考えている。以下、『ぐんまの社会教育』72～75頁に拠る。

　ここで、永杉は学生とどのように相対してきたか。群馬大学着任当時、

「教えることは何もないぞ…勉強は自分でするものだ」と厳しく問われたことを小林元昭は回顧する。

　永杉逝去後、『煙仲間』第312、313号（2008年4月、5月）は、「永杉喜輔特集」を掲載した。そのなかから、二例ほど採録したい。玉川大学の通信教育課程で学んだ荒武千穂は、「先生の書かれた教育社会学のテキストは、読みやすく、内容も理解できました。しかもレポートは『〇〇を読んで私見を述べよ』、あるいは『市町村の社会教育担当の人に話を聞いて、社会教育の現状や課題についてレポートを書きなさい』、あるいは『社会教育団体を取材して感想を述べよ』という、ある意味、面白いものでした。最初、こういうテーマだったら、難解な専門書を読むわけではないからレポートが書きやすいと思いましたが、やってみると自分で考えて書かなければならない難しさを感じました。つまり、本の丸写しではいけないし、いろんな本のいいところを少しずつ『ぱくって』書いてもだめだということです」と記している。

　文教大学での「社会教育」の講義を「モグリの学生」として聴講した清水敏治は、「白髪のおじいちゃんが教壇にあがり、ほんのすこしだけ小首をかしげ目をつぶりながら、時に眼鏡の奥から、その目をかっと見開き学生を優しく睨みつける、あの独特の語りが始まったとたんに、わくわくして愉快になってしまったのを今も覚えています。『学校というところは言葉を教えているだけ』と、教員養成のための学部で、将来教員を目指す学生たちに向けて語るその語り口にぐいぐいと引き込まれてしまったのです」、「毎週水曜日の夕方、非常勤講師控え室を特別に使わせていただき『論語物語』『エミール』などの読書会、国立磐梯青年の家やオリンピック記念青少年総合センターでの合宿など、誰に言われたのでもなく、単位も無関係、まったくの『自主』的なゼミの楽しかったこと。自主ゼミ後は蕎麦屋で必ず鰊ソバを召し上がっては、『いまねぇ、そばを食べているときは一切余計なことは考えとらんよ。生涯教育は life-long integrated education というが、この integrated はこのことだな、まさにいま私も蕎麦もひとつになっている、これこそ integrated だよ』と幸せそうに蕎麦をすする、お茶目な先生が思い出されます。正直その時は integrated の意味はいまひとつわかりませんでしたが、外来語を咀嚼し

て自分の言葉にしようとされていたのは、私が魅了されてやまなかった、まさしく永杉先生そのものだったと、いまあらためて思うのです」と述べている。

　前述の荒武は、「玉川大学を卒業して三年後、念願の社会教育課に異動になりました。実際に社会教育の仕事をしてみると、いろいろ困難なことがありましたが、『必要が教育する』という先生のことばがいつも頭にありました。在任中、国立婦人教育会館で知り合った方から依頼を受けて『女性教養』(平成5年5月)という月報に社会教育主事としての私感を書いたことがありました。そのとき、すぐに先生から『エッセイを読みました』とのお葉書をいただき、恐縮したことがあります。その後、何かの雑誌に『宮崎で気負うことなく社会教育の仕事をしている人がいる』と書かれた先生の文章を目にし、うれしく思いました」と記している。この教え子への自然な激励、永杉は意図することなくできるのである。

## 5　『煙仲間』の発行

　鶴見俊輔は、「なくなった雑誌」において田澤義鋪・下村湖人の系譜について述べ、湖人の『新風土』発行の意義を明らかにした (本書43頁)。『新風土』は戦後のすさんだ世相に呑み込まれてしまうが、編集にあたった永杉は諦めてはいなかった。青年団運動に関わり続け、永杉が見込んだ人物と日本青年問題研究会を組織したのであった。その日本青年問題研究会が1963年に『煙仲間』7月号を本印刷で刊行、翌1964年3月号まで、計9号を出した。何故この時期に発行したのか。翌1964年は東京オリンピックの開催年であり、永杉は常々「日本の青年は戦中は兵力として、戦後は経済成長のための労働力として利用され続けてきた」ことを憂慮し、口にしていた。その思いが極致に達したと考えられる。創刊の7月号は32頁からなり、そのうち11頁にわたり湖人の「煙仲間の提唱」を掲げた。その発行の意義について、永杉は2号目の8月号から「巻末記」の筆を執り、「日本の青年指導の貴重な遺産である田澤義鋪、下村湖人、この二人とも、青年団育ちではなかった。しかも、指導の期間が、地方の隅々まで行きわたるほど長くはなかった。そこがよわいとつねづね思っていたところ」、永杉は寒河江善秋という「根っからの青年団育ち、その人が

期せずして煙仲間のような運動をやっておられたので、ついほれ込んでしまった」、「この人ならびに、この人の周囲の若い人たちにおんぶされて、田澤、下村精神を天下に普及したいと思った」とその思いを述べている。後年、静岡の山梨通夫が『煙仲間』を手作りし、それは通巻349号（2011年5月号）にまで達したが、永杉は最晩年まで寄稿し続けた。たまたま著名人による同誌への批判があったときも、山梨は動ずることもなく、永杉もそれについて一言も言及していない。永杉は山梨たち青年の歩みを、ただただ温かく見まもり続けた。

　さて、永杉は「終刊の辞」に「田澤・下村の道統をたやしてはいけないと思う。今日、教育がぼやけているのは、友情の組織化がうまく行われていないからである」と記す。また「根性をもて ─青年団私見」（『煙仲間』1963年9月号）において、「友を得たいというのは青年期が最高、そこに青年団の成り立つぎりぎりの根拠がある。友情である。最近ヨーロッパをまわって来た私の友人が帰国していうにはヨーロッパのパーティーでたびたび＜Only friend-ship can lead us to one world＞という言葉を聞いて身にこたえたと。友情のみがわれわれを一つの世界にみちびき得る。その通りである。親子も夫婦も恋人も、その底に友情の流れがあるとき、はじめて和ができる」、「友を得て高まるには、お互い励まし合わねばならぬ（中略）放っておいても友情は育つが、その友情には範囲が限られる。限られた友情は、ともするとヤクザ集団になる。広く友をもとめると、それだけ自分の世界が広くなる。そのためには組織が必要である。友情の組織化されたもの、それが青年団である」と説く。

　以上、『ぐんまの社会教育』141～145頁、参照のこと。

## 6　『新風土』から『生活の発見』へ

　精神科医として京都森田療法研究所を主宰する岡本重慶は、湖人と森田について「二人の間に出会いが起こることはなかったが、下村の社会教育の活動は、弟子の永杉喜輔を通じて、やがて水谷啓二の森田療法に合流することになる」と考える（「下村湖人の『次郎物語』と森田療法の接点」）。

　岡本は、『生活の発見』創刊号における水谷啓二の発刊の趣意文から、

「森田正馬博士の教えを継ぎ、教育の面では下村湖人先生の教えを継ぎ、下村先生の主宰された雑誌『新風土』の伝統を守りたい」と要約する。また「編集後記」から永杉の「水谷氏を中心とした『啓心会』と、湖人先生を記念する『新風土会』の人が協力してこの雑誌を出すことになった」とする(「五高出身者たちの社会教育と森田療法 ―下村湖人らの『新風土』から水谷啓二の『生活の発見』へ」)。

なお、岡本は湖人の浴恩館での合宿について、「このような塾風の合宿生活は、森田正馬や水谷啓二がおこなった入院あるいは入寮生活と、かなり似たところがあります。与えられた生活に終始するのではなく、お互いが気を配りながら、共同生活を創造し、建設するのです」という重要な指摘をなす(『忘れられた森田療法』155頁)。

## 7 地域形成と教育

永杉には「地域形成と教育」という講演記録がある。記録は短いものであるが、その骨子は次のようになる。永杉は、まず「わたしは青年団活動に惚れてやってきたのですが、教育とは相手に惚れることなんです」と説き起こす。次に「人を教育しようとすることは不可能なんです」として、「無力な赤ん坊がどうして人間になるんですか。人間になるには人間の手本が必要です。手本なしにはなにもできません。人間としての手本は近くにいる大人、親なんです。育てる大人がいなければ人間にはなれないんです」と述べ、「教育可能の根拠は、子どもは大人のまねをすること以外にはありません」と断言する。そして「どうしたら人間になれるか、これが地域づくりにつながるわけです」、「公民館は何をする所かと言うと地域社会を創るところである。社会とは老若男女が手をつなぐところであるので、学校に社会性や連帯性を要求しても期待することはできません」と説く。

永杉の説くところを、久田邦明によって今日風に言い換えると、「子どもが大人になるためには、身近な人たちと共感したり反発したりしながら自分をつくっていかなければならないにもかかわらず、そのための条件が極端に衰弱しているのである。そのような社会の変化を推し進めてきた大人の責任は重いといわなければならない」となる(『こどもと若者

の居場所』)。加えて「空席の社会教育主事 ―住民の導き手　35％の自治体で未配置」(『朝日新聞』2011年8月11日付)という記事が報道されたが、これが実態なのである。

　また、久田は居場所づくりを進める場合、行政の課題として「地域の住民利用施設を子どもや若者に開放的なところにすることである」と第一に述べている。そして「若い世代が施設を利用する場合、トラブルが起きるのは当り前のことである。彼らは未熟である。未熟であるからこそ、大人が面倒を見る必要がある。騒いだり、たばこを吸ったり、規則を守らなかったりするとしても、一方的に排除するのではなく、面倒を見てやらなければならない」と力説する(『こどもと若者の居場所』)。久田のこの考えは、下村湖人の「青年にとって大人は決して無用の存在ではない。大人の経て来た永い経験と、その経験に基く思慮ある判断とを全然必要としない青年は、恐らく絶無であろう」、「大人の存在が却って青年の魂を傷つけ、その発達を阻害しているような悲しむべき事例に、かなりしばしば出あっている。しかしこの事は、青年の周囲から大人を完全に駆逐してもいい、という理由には決してならない。大人は本来青年の敵ではないのである」という見解と同断である(『塾風教育と協同生活訓練』三友社、1940年)。永杉もまたこの考えを広めることに努めてきたのであった。

　以上、『ぐんまの社会教育』146～149頁、参照のこと。

## 参考文献

　ここにあげた著書、論文の配列上の項目は拙著『ぐんまの社会教育』所収、「社会教育への誘い」に拠ったが、便宜的なものである。また筆者が目睹したものに限定した。

### 永杉喜輔に関わるもの

青山　俊董　「寒さを楽しむ　―永杉先生に学ぶ（1）」（『市民タイムス』平成6年2月20日付、株式会社市民タイムス、1994年）

青山　俊董　「夫婦互いに無き如く―永杉先生に学ぶ（2）」（『市民タイムス』平成6年2月27日付、1994年）

青山　俊董　「空気や水のように　―永杉先生に学ぶ（3）」（『市民タイムス』平成6年3月6日付、1994年）

植原　孝行　「戦前・戦後を貫く地下水のネットワーク」＜書評「永杉喜輔と煙仲間」＞（『月刊社会教育』1995年9月号）

植原　孝行　「きびしい時代こそ、人間や教育の本質に目を向けて」＜書評『凡人の道』＞（『月刊社会教育』1998年9月号）

植原　孝行　「対話の実践者・永杉喜輔との出会い」（『生きる力をはぐくむ』所収、開文社出版、2003年）

織田　孝正　「新刊紹介『生きる力をはぐくむ』」（『生活の発見』2003年11月号、生活の発見会）

亀岡　重則　「この人に聞く―永杉喜輔」（『向上』昭和63年10月号、財団法人修養団、1988年）

小林　元昭　『白鳥のあしあと』（小林元昭、1999年）

小林　元昭　「永杉喜輔氏を偲ぶ　―『自己教育』の哲学実践」（『上毛新聞』2008年3月17日付）

桜井　三男　「社会教育に捧げた半生」＜書評「永杉喜輔と煙仲間」＞（『上毛新聞』1995年9月3日付）

貞松　直孝　『施設の灯』（あさを社、1981年）

鈴木　知明　『こんな二日会あとにもさきにも　―二日会の歴史と社会教育の原点をたずねて』（鈴木知明、1992年）

| 鈴木　知明 | 『続　こんな二日会あとにもさきにも』（鈴木知明、1993年） |
| 鈴木　知明 | 『続々　こんな二日会あとにもさきにも』（鈴木知明、1994年） |
| 鈴木　知明 | 『こんな永杉喜輔あとにもさきにも ─永杉喜輔を偲ぶ会より』（鈴木知明、2008年） |
| 永杉　喜輔 | 『生きるということ』（協同出版、1968年） |
| 永杉　喜輔 | 「ガキ大将の弁」（『追想集　糸賀一雄』所収、柏樹社、1970年） |
| 永杉　喜輔 | 「苦悩と歓喜─運命と愛と永遠」（『群馬第9回緑蔭禅の集い』所収、群馬県曹洞宗仏教青年会、1971年） |
| 永杉　喜輔 | 『初心忘れ得ず』（永杉先生退官論文集刊行会、1974年） |
| 永杉　喜輔 | 『永杉喜輔著作集』全10巻（国土社、1974－75年） |

- 第1巻　「家庭教育読本」家庭教育読本／家庭というところ／家庭の事情と子どもの教育
- 第2巻　「親ごころ子ごころ」親ごころ子ごころ／茶の間の教育／家庭の味
- 第3巻　「親と教師のための次郎物語」親と教師のための次郎物語／「心窓去来」私感
- 第4巻　「下村湖人伝」下村湖人伝／下村湖人と論語／下村湖人の教育論／論語の成立とその影響
- 第5巻　「論語の好きな人々」
- 第6巻　「エミール私感」エミール私感／ヨーロッパひとりある記
- 第7巻　「車窓放談─現代教育を斬る」車窓放談／見栄
- 第8巻　「社会教育夜話」社会教育夜話／公民館源流考／俗説社会教育学／寸鉄
- 第9巻　「かくれた青年指導者たち」かくれた青年指導者たち／明治初期の青年像／青年団の成立とその変貌／青年の父田澤義鋪／田澤義鋪の人と業績／日本教育のアウトサイダー
- 第10巻　「随筆・自伝的年譜」私の投書（昭和6年～昭和48年）／二津子のこと／折にふれて／自伝的年譜

| 永杉　喜輔 | 「地域形成と教育」（『入間公連だより』第13号、入間地区公民館連絡協議会、1984年） |
| 永杉　喜輔 | 「温故知新」（『文化・集団』創刊号、あさを社、1988年） |
| 永杉　喜輔 | 「私の書きとめた言葉」一、二（『文化・集団』第2、3号、1989、90年） |
| 永杉　喜輔 | 『生涯教育　自分史の試み』（小林出版、1989年） |

| | | |
|---|---|---|
| 永杉　喜輔 | 「社会教育研究生時代」、「新風土時代」(『回想　吉田嗣延』所収、吉田嗣延追悼刊行委員会、1990年) | |
| 永杉　喜輔 | 『凡人の道 ―煙仲間のこころ』(渓声社、1998年) | |
| 丹羽　吉夫 | 「正邪にきびしく」(『永杉喜輔著作集』第10巻所収、国土社、1975年) | |
| 野口　周一 | 「清冽な流れ ―人生の教師・永杉喜輔先生」(『群馬』復刊第7号、群馬県立高崎高等学校生徒会、1968年) | |
| 野口　周一 | 「永杉喜輔の"人間を見る目・教育を見る目"をめぐって」(『新島学園女子短期大学紀要』第12号、1995年) | |
| 野口　周一 | 『生きる力をはぐくむ ―永杉喜輔の教育哲学』(開文社出版、2003年) | |
| 野口　周一 | 「永杉喜輔 ―『地下水』としての教育」(『社会教育』第65巻6月号、財団法人日本社会教育連合会、2010年) | |
| 野口　周一 | 『ぐんまの社会教育 ―永杉喜輔のあゆみ』(みやま文庫、2013年) | |
| 萩原建次郎 | 「永杉喜輔の教育哲学に連なる世界 ―下村湖人と田澤義鋪の研究から」(『生きる力をはぐくむ』所収、2003年) | |
| 松浦富士夫 | 『リベラルな教育 ―その思想と実践 』(あさを社、2000年) | |
| 松浦富士夫 | 『永杉喜輔の歩んだ道 ―生きること出会うこと』(あさを社、2014年) | |
| 三輪　真純 | 『いつも笑顔でありがとう ―あせらず　おごらず　おこたらず』(三輪真純先生著書刊行会、2007年) | |

**下村湖人に関わるもの**

| | | |
|---|---|---|
| 明石　晴代 | 『「次郎物語」に賭けた父・下村湖人』(読売新聞社、1970年) | |
| 明石　晴代 | 『「次郎物語」と父下村湖人』(勁草書房、1987年) | |
| 秋山　達子 | 「魂の教育者、下村湖人と『次郎物語』」(『駒沢大学教育学研究論集』第3号、1984年) | |
| 安積　得也 | 『下村湖人の人間像』(新風土会、1961年) | |
| 上原　直人 | 「下村湖人の教育思想と地域青年教育の実践」(『生涯学習・キャリア教育研究』第8号、名古屋工業大学、2012年) | |
| 岡本　重慶 | 「下村湖人の『次郎物語』と森田療法の接点 ―浴恩館を訪ねて」(京都森田療法研究所ブログ、2017年8月14日付) | |
| 加藤　丈夫 | 『「漫画少年」物語 ―編集者・加藤謙一伝』(都市出版、2002年) | |
| 加藤　善徳 | 「『次郎物語』の世に出るまで」(『昭和文学全集月報』第58号、角川書 |

　　　　　　　　店、1955年)

上岡　安彦　「『教育の構造』分析 ―下村湖人『次郎物語』第1部について」(『駒沢大学教育学研究論集』第2号、1978年)

上沼　八郎　『実録　はっさい先生 ―知られざる教師たちの物語』(協同出版、1988年)

桑原　三郎　「下村湖人の次郎物語」(『少年倶楽部の頃 ―昭和前期の児童文学』所収、慶応通信、1987年)

小島　三郎　『至誠 ―平凡な一教師の足跡』(小島三郎、2007年)

小山　一乗　「下村湖人『塾風教育と協同生活訓練』研究ノート〈1〉」(『駒沢大学教育学研究論集』第2号、1978年)

齋藤　慎爾　「古谷綱武 ―下村湖人『次郎物語』」(『大衆小説・文庫＜解説＞名作選』メタローグ、2004年)

坂井　米夫　『私の遺書』(文芸春秋、1967年)

佐賀県立唐津東高等学校　『創立100周年記念誌』(1999年)

佐高　信　「序にかえて ―『次郎物語』との出会い」(『佐高信の読書日記』所収、社会思想社、1992年)

三瓶千香子　「浴恩館において下村湖人が育てた人 ―岩手県盛岡市の古舘正次郎を訪ねて」(『生涯学習フォーラム』第3巻第1号、紀尾井生涯学習研究会、1999年)

昭和女子大学近代文学研究室　『近代文学研究叢書』第76巻＜坂口安吾　下村湖人　豊島与志雄　百田宗治＞(昭和女子大学近代文化研究所、2001年)

下村　湖人　「青年講習所の行事」(『固本盛国』第4巻第11号、固本盛国社、1940年)

下村　湖人　「望ましき村 ―教育界への提案・希望」(『一打の鑿』所収、大分県教育委員会社会教育課、1951年)

下村　湖人　「家庭教育と婦人教育の眼目」(『一打の鑿　続』所収、大分県教育庁社会教育課、1952年)

下村　湖人　『下村湖人全集』全18巻(池田書店、1955－56年)

下村　湖人　『下村湖人全集』全10巻(池田書房、1965年)
　　　　　　第4巻　凡人道／我等の誓願／隣人／詩歌集(冬青葉／「冬青葉」以後／詩)
　　　　　　＊ここには次の【決定版】に収録されなかった「詩歌集」を収める。

下村　湖人　『下村湖人全集』【決定版】全10巻（国土社、1975〜76年）
　第1巻　次郎物語　第1部／次郎物語　第2部
　第2巻　次郎物語　第3部／次郎物語　第4部
　第3巻　次郎物語　第5部／若き建設者
　第4巻　目ざめ行く子ら／魂は歩む／佐藤信淵／青少年のために／隣人
　第5巻　教育的反省／凡人道／心窓記／人生随想
　第6巻　塾風教育と協同生活訓練／煙仲間／われらの誓願／教育の新理念と農村文化
　第7巻　人生を語る／人間生活の意義／心の影／心窓去来／心窓去来補遺
　第8巻　論語物語／現代訳論語
　第9巻　真理に生きる／二人の平和主義者／田澤義鋪の人間像とその業績／この人を見よ／新風土」巻末記
　第10巻　補遺／書簡／年譜
下村　覚　「湖人語録」（『100周年記念誌』所収、佐賀県立唐津東高等学校、1999年）
下村虎六郎　「生活態度の三様式」（『鶴聲』第2号、佐賀県立唐津中学校、1913年〉
下村虎六郎　「校歌の作為」（『鶴聲』第4号、唐津中学校、1915年／『創立100周年記念誌』に再録）
関川　夏央　「おやじのせなか」（『朝日新聞』2009年8月9日付）
高島　進子　「論語と社会学」（『関西学院大学社会学部紀要』第15号、1967年）
田渕　政次　「ストの思い出」（『唐中卒業五十周年　思い出』第26期、1976年）
張　季琳　『台湾における下村湖人 ―文教官僚から作家へ』（東方書店、2009年）
鶴見　俊輔　「なくなった雑誌」（『戦後を生きる意味』所収、筑摩書房、1981年）
永杉　喜輔　『一教育家の面影 ―下村湖人追想』（新風土会、1956年）
永杉　喜輔　「下村湖人の人と作品」（『下村湖人の人間像』所収、新風土会、1961年）
永杉　喜輔　『下村湖人 ―その人と作品』（講談社、1964年）
永杉　喜輔　『「次郎物語」と作者』（松山市読書友の会、1966年）
永杉　喜輔　「下村湖人と私」1〜4（『高崎高校新聞』第80〜83号、1967〜68年）
永杉　喜輔　『親と子のための論語』（しなの出版、1968年）
永杉　喜輔　『教育社会学』（協同出版、1968年）

| | | |
|---|---|---|
| 永杉　喜輔 | | 『永遠を生きる ―下村湖人の人と思想』（柏樹社、1969年） |
| 永杉　喜輔 | | 「教育思想家としての下村湖人 ―「次郎物語」の成立事情をめぐって」（『女子聖学院短期大学紀要』第8号、1976年） |
| 永杉　喜輔 | | 「次郎物語とエミール ―東西教育思想比較の一例」（『女子聖学院短期大学紀要』第9号、1977年） |
| 永杉　喜輔 | | 「論語の教育思想 ―覚え書き」（『女子聖学院短期大学紀要』第10号、1978年） |
| 永杉　喜輔 | | 『教育のよりどころ』（修養団、1982年） |
| 永杉　喜輔 | | 「エミールと次郎」1、2（『文化・集団』第3、4号、1990、94年） |
| 永杉　喜輔 | | 「『次郎物語』の底を流れる仏教思想」（『柏樹』第140号、柏樹社、1994年） |
| 永杉　徹夫 | | 「湖人の若人への愛情　現代に生かしたい」（『毎日新聞』昭和62年1月31日付、「記者の目」欄、1987年） |
| 永杉　徹夫 | | 「いま、なぜ『次郎物語』か」（『次郎物語』所収、東宝出版事業室、1987年） |
| 永杉　徹夫 | | 『童心は老いず ―詩人の風貌』（林道舎、2002年） |
| 那須　正幹 | | 「こころに残った一冊」（『毎日新聞』平成14年10月23日付、2002年） |
| 那須　正幹 | | 「『次郎物語』は人生の指針」（『日刊ゲンダイ』2010年1月7日付） |
| 野口　周一 | | 「＜論説＞運命と自由」（『高崎高校新聞』第79号、高崎高校新聞部、1967年） |
| 野口　周一 | | 「知られざる下村湖人 ―樋詰正治との交友」（『人物研究』第23号、近代人物研究会、2009年） |
| 野口　周一 | | 「下村湖人とあらたま社 ―下村湖人の台湾における教育・文化活動」（『比較文化史研究』第11号、比較文化史学会、2010年） |
| 野口　周一 | | 「群馬県吾妻郡東村村長　大塚康平」（『人物研究』第30号、近代人物研究会、2012年） |
| 野口　周一 | | 「下村湖人 ―校歌作詞は余技に非ず」（『人物研究』第33号、近代人物研究会、2014年） |
| 野口　周一 | | 「下村湖人と肥前鹿島」（『人物研究』第34号、近代人物研究会、2014年） |
| 野口　周一 | | 「下村湖人と和田利男 ―校歌作詞の教育理念」（『人物研究』第35号、 |

近代人物研究会、2015年)

野口　周一　「下村湖人と吉田嗣延 ―『次郎物語』第六部のモデル」(『人物研究』第36号、近代人物研究会、2015年)

野口　周一　「下村湖人、校歌作詞は余技に非ず。」(日本比較文化学会編関東支部編『交錯する比較文化学』所収、開文社出版、2016年)

野口　周一　「下村湖人と『論語』」(『人物研究』第37号、近代人物研究会、2016年)

野口　周一　「糸賀一雄小論」(『人物研究』第38号、近代人物研究会、2017年)

野口　周一　「下村虎六郎、台中一中校長となる」《地域政策研究》第19巻第4号、高崎経済大学地域政策学会、2017年)

野口　周一　「下村湖人と吉田嗣義」(『人物研究』第39号、近代人物研究会、2017年)

野口　周一　「下村湖人と布留武郎」(『人物研究』第40号、近代人物研究会、2017年)

野口　周一　「台北高等学校校長時代の下村虎六郎 (1)」(『桐生大学教職課程年報』創刊号、桐生大学・桐生大学短期大学部教職課程委員会、2018年)

萩原建次郎　「下村湖人の思想の基本構図」(『立教大学教育学科研究年報』第43号、2000年)

蜂谷　俊隆　「糸賀一雄と下村湖人 ―「煙仲間」運動を通して」(『社会福祉学』第50巻第4号、日本社会福祉学会、2010年)

帚木　蓬生　『総統の防具』(日本経済新聞社、1996年)

浜田　栄夫　「趣味教育の系譜 (5) ―下村湖人を中心として」(『山陽論叢』第6巻、山陽学園大学、1999年)

久田　邦明　「下村湖人と煙仲間の思想」(『教える思想』所収、現代書館、1989年)

深川　明子　「下村湖人の思想形成 ―内田夕闇時代の作品から」(『金沢大学語学・文学研究』創刊号、1970年)

深川　明子　「下村湖人の思想形成 (2)」(『金沢大学教育学部紀要 ―人文科学・社会科学・教育科学編』第20号、1971年)

松浦富士夫　「下村湖人の教育思想」(『高崎経済大学論集』第37巻第1号、1994年)

松本三之介　「雑草教育を唱えて」＜本・批評と紹介＞(『朝日ジャーナル』9月13日号、朝日新聞社、1964年)

宮崎　俊弥　「新刊紹介『群馬・地域文化の諸相』」(『群馬文化』第232号、群馬県地

| 宮崎　俊弥 | 「分かりやすく人生を説く ―『生きる力をはぐくむ』」(『上毛新聞』2003年7月7日付) |
|---|---|
| 六車　進子 | 「下村湖人の思想における根本問題 ―教育の理念」(『関西学院大学社会学部記念論集』第9・10号、1964年) |
| 六車　進子 | 「《運命》・《愛》・《永遠》―社会学の基礎としての人間学」(『論集』第13巻第3号、第14巻第1号、1967年) |
| 村山　輝吉 | 「下村湖人研究 ―煙仲間について」1、2 (『駒沢大学教育学論集』第1、2号、1977、78年) |
| 村山　輝吉 | 「下村湖人」(『社会教育論者の群像』所収、財団法人全日本社会教育連合会、1983年) |
| 村山　輝吉 | 「ひと〜出逢い〜下村湖人のこと」(『文化しぶかわ』第19号、渋川市文化協会、2005年) |
| 湯本かおる | 「ある本との出会い」(『上田女子短期大学図書館だより』第6号、1979年) |
| 柳沢　昌一 | 「近代日本における自己教育概念の形成」(『叢書　生涯学習』第1巻所収、雄松堂、1987年) |
| 横川　敏雄 | 「下村湖人 ―台北高校時代」(『回想・教壇上の文学者』所収、蒼丘書林、1980年) |
| 吉川　出善 | 『下村湖人全短歌集成』(池田書店、2004年) |
| 吉村　邦寿 | 『台北高等学校（1922年〜1946年）』(蕉葉会、1970年) |
| 鷲山　恭彦 | 「武蔵小金井の浴恩館『友愛塾』からの発想」(『学校教育研究所年報』第50号、学校教育研究所、2006年) |
| 渡部　治 | 「『次郎物語』と下村湖人の思想」(『国際経営・文化研究』第21巻第1号、淑徳大学コミュニケーション学会、2016年) |
| 和田　利男 | 『文苑借景』(煥乎堂、1972年) |
| 和田　利男 | 『雲と朧梅 ―俳句のある随筆』(めるくまーる、1988年) |

**田澤義鋪に関わるもの**

| 大村　章仁 | 「田澤義鋪における修養と自治」(『近代日本の歴史的位相 ―国家・民族・文化』所収、刀水書房、1999年) |
|---|---|

| | | |
|---|---|---|
| 大村　章仁 | 「田澤義鋪の政治思想 ―政治教育における『立憲的精神』の創出」(『史境』第40号、歴史人類学会、2000年) |
| 金　　宋植 | 「1920年代内務官僚の政界革新論 ―田澤義鋪の地方自治論」(『史学雑誌』第111編第2号、史学会、2002年) |
| 木村　勝彦 | 「戦前における公民教育についての予備的考察 ―田澤義鋪の政治教育論と公民教育」(『茨城大学教育学部紀要　教育科学』第52号、2003年) |
| 後藤　文夫 | 『田澤義鋪選集』(財団法人田澤義鋪記念会、1967年) |
| 三瓶千香子 | 「青年団運動に見る田澤義鋪の思想と実践」(『生涯学習フォーラム』第2巻第1号、紀尾井生涯学習研究所、1998年) |
| 三瓶千香子 | 「人間・田澤義鋪研究の原点」(『田澤会通信』第169号、財団法人田澤義鋪記念会、2007年) |
| 武田　清子 | 「田澤義鋪における国民主義とリベラリズム」(『日本リベラリズムの稜線』所収、岩波書店、1987年) |
| 田代　武博 | 「田澤義鋪の中堅青年指導論」(『九州大学教育学部紀要　教育学部門』第43集、1997年) |
| 鶴見　俊輔 | 「戦後日本の思想状況」(『現代思想』第11巻所収、岩波書店、1957年) |
| 鶴見　俊輔 | 「なぜサークルを研究するか」(『共同研究　集団 ―サークルの戦後思想史』所収、平凡社、1976年) |
| 豊田　伸彦 | 「田澤義鋪の政治教育論 ―戦前政治教育研究序説」(『社会教育史の再検討』＜中央大学社会教育・生涯学習研究会論集＞第1号、2001年) |
| 永杉　喜輔 | 『青年の父・田澤義鋪』(民主教育協会、1966年) |
| 永杉　喜輔 | 「日本教育のアウトサイダー ―田澤義鋪研究」(『群馬大学教育学部紀要　人文・社会科学編』第23巻、1973年) |
| 永杉　喜輔 | 「田澤義鋪」(『社会教育論者の群像』所収、財団法人全日本社会教育連合会、1983年) |
| 萩原建次郎 | 「近代日本思想における主体形成の論理 ―田澤義鋪を手がかりに」(『駒沢大学教育学論集』第19号、2003年) |
| 橋川　文三 | 「田澤義鋪のこと」(『昭和維新新論』所収、朝日新聞社、1984年) |
| 番匠　健一 | 「1910年代の内務官僚と国民統合の基礎 ―田澤義鋪の青年論を中心に」(『Core Ethics』Vol.6、立命館大学大学院先端総合学術研究科、2010年) |

**社会教育全般に関わるもの**

井上　清　　「現代の社会教育」(『群馬県史』通史編第9巻所収、群馬県、1990年)

井上　頼道　『政道に生きる』(群馬県町村会、1988年)

植原　孝行　「寺中構想 ―『公民教育の振興と公民館の構想』― について」(『語らいの杜』第1号、高崎社会教育研究会、1987年)

植原　孝行　「浴恩館をたずねて ―訪問者の独白」(『語らいの杜』第3号、高崎社会教育研究会、1991年)

植原　孝行　「寺中構想と下村湖人の社会教育」(『公民館史研究』第1号、公民館史研究会、1992年)

植原　孝行　「公民館はなぜつくられたか ―公民館を支える思想・覚書」(『文化・集団』第4号、1992年)

植原　孝行　「寺中構想と関口泰の公民教育」(『社会教育学研究』第2号、秋田大学大学院教育学研究科社会教育学研究室、1993年)

植原　孝行　「公民館の職員の仕事」(『月刊社会教育』1996年4月号、国土社、1996年)

植原　孝行　「教員から社会教育主事への任用について考える」(『社養協通信』第14号、全国社会教育職員養成研究連絡協議会、1998年)

植原　孝行　「公民館の施設・設備と利用」(日本社会教育学会編『現代公民館の創造』所収、東洋館出版社、1999年)

植原　孝行　「人びとの学習を支える公民館主事の役割」(藤田秀雄編『ユネスコ学習宣言と基本的人権』所収、教育史料出版会、2001年)

植原　孝行　「社会教育の意義について ―公民館における社会教育活動に視点をおいて」(『関東支部ニュース』第2号、日本比較文化学会関東支部、2005年)

植原　孝行　「(公民館・コミュニティ施設の歴史における) 定着過程」｜(公民館事業・編成における) 各種集会・イベント」(日本公民館学会編『公民館・コミュニティ施設ハンドブック』所収、エイデル研究所、2006年)

植原　孝行　「公民館実践分析の視点」(『日本公民館学会年報』第5号、日本公民館学会、2008年)

上原　直人　『近代日本公民教育思想と社会教育 ―戦後公民館構想の思想構造』(大学教育出版、2017年)

大分県連合青年団　『仲間たちとともに―大分県の青年』（大分県連合青年団、1956年）

大分県連合青年団社会部調査部　『仲間たちと共に ―大分県の青年』第2集（大分県連合青年団、1957年）

大塚　康平　「村長五選の弁」（『煙仲間』第16号、日本青年問題研究会、1963年）

小川　剛　「吉田熊次 ―その人と思想」（『社会教育論者の群像』所収、財団法人日本社会教育連合会、1983年）

片岡　了　「教育の原点に立ち戻って社会教育の明日を拓く」（『月刊社会教育』第47巻第10号、国土社、2002年）

加藤　善徳　『点訳奉仕運動はひろがる ―提唱者後藤静香の思想と実践』（『日本点字図書館、1969年）

河村吉太郎　「新田郡新田町の公民館活動を想う」（『公民館史研究』第4号、公民館史研究会、2000年）

君島　和彦　「浴恩館と青年団講習所」（『小金井市誌編纂資料』第30編、小金井市教育委員会、1992年）

小金井市教育委員会　『青年団と浴恩館 ―大いなる道を求めて』（小金井市教育委員会、2017年）

島村　利男　『さるびあの花』（島村弘子、1993年）

朱膳寺宏一　「公民館の心」1～11（『月刊公民館』2009年4～8、10～2010年3月号、全国公民館連合会、2009～10年）

鈴木健次郎記念会　『鈴木健次郎の生涯 ―青少年の足を洗う』（財団法人秋田県青年会館、1990年）

多久　照広　『青年の世紀』（同成社、2003年）

武田　清子　『増補　天皇制思想と教育』（明治図書、1975年）

田嶋　一　『＜少年＞と＜青年＞の近代日本 ―人間形成と教育の社会史』（東京大学出版会、2016年）

津布良幹夫、吉田嗣義　『新しきいしずえ ―青年団と政治活動』（大分県青年出版グループ、1955年）

中沢　宏則　「若き青年指導者 ―魂の熱き交わり」（『こころの家族通信』第10号、後藤静香を伝える会、2005年）

永杉　喜輔　『教育社会学』（玉川大学通信教育部、1970年）

| | | |
|---|---|---|
| 永杉　喜輔 | 『「教育社会学」学習指導書』（玉川大学通信教育部、1972年） |
| 永杉　喜輔 | 『成人指導及び青少年指導』（玉川大学通信教育部、1975年） |
| 永杉　喜輔 | 『社会教育方法論Ⅱ』（玉川大学通信教育部、1975年） |
| 永杉　喜輔 | 『社会教育概説』（協同出版、1967年） |
| 永杉　喜輔 | 『ヨーロッパで見て感じたこと』（ヨーロッパ社会教育視察団、1967年） |
| 永杉　喜輔 | 「私の論語」（『教育こぼれ話 ―青少年育成に思う』所収、北区青少年問題協議会、1972年） |
| 永杉　喜輔 | 『社会教育の原点をさぐる』（国土社、1982年） |
| 永杉　喜輔 | 「公民館草創期とその前後」（『月刊公民館』、1988年5月号、1988年） |
| 野口　周一 | 「少子・高齢化社会における教育問題についての一考察」（『新島学園短期大学紀要』第25号、2005年） |
| 久田　邦明 | 『子どもと若者の居場所』（萌文社、2000年） |
| 久田　邦明 | 『生涯学習 ―大人のための教育入門』（現代書館、2010年） |
| ポール・ラングラン、波多野完治（訳）『生涯教育入門』第1部、第2部（財団法人全日本社会教育連合会、1984年） |
| 宮崎眞希子 | 「公民館での学習をとおしてカウンセリング活動へ」（『月刊社会教育』1998年6月号） |
| 吉田　嗣義 | 『一打の鑿 ―公民館の反省』（大分県教育委員会社会教育課、1951年） |
| 吉田　嗣義 | 『無名の群像』（大分県、1960年） |
| 吉田　嗣義 | 「生きることは学ぶことである ―教育と福祉の間」（『月刊社会教育』1982年10月号、1982年） |
| 吉田　嗣義 | 「若者たちはわがいのち」（『月刊社会教育』1987年2月号） |
| 吉田　嗣義 | 「名もなき者は名もなきままに」（『月刊社会教育』1987年3月号） |
| 吉田　嗣義 | 「愛憎果てることなく」（『月刊社会教育』1987年4月号） |
| 吉田　嗣義 | 『任運騰々』（任運社出版委員会、1997年） |
| 和田本次郎 | 『かまきりの足跡』（養神書院、1966年） |

家庭教育に関わるもの

| | | |
|---|---|---|
| 永杉　喜輔 | 「家庭の人々」（『こどもと家庭の人々』所収、文部省、1965年） |
| 永杉　喜輔 | 『子どもに学ぶ家庭教育 ―母親のための「エミール」』（柏樹社、1973年） |

永杉　喜輔　『いま「エミール」が生きる ─社会と教育』(国土社、1981年)
永杉　喜輔　『エミール私感』(国土社、1982年)
水谷　啓二　『森田正馬の生活道』(柏樹社、1970年)
和田　重正　『家庭教育』(柏樹社、1971年)
和田　重良　「家庭生活の中でやる自己発見 ─人生科…正しい宗教に出会うために」(『家族再生 ─絆の回復とその意味を考える』所収、佼成出版社、2007年)

その他
伊藤　隆二　『同行教育を語る』(くだかけ社、1989年)
糸賀　一雄　『この子らを世の光に ─近江学園20年の願い』(柏樹社、1965年)
岡本　重慶　『忘れられた森田療法 ─歴史と本質を思い出す』(創元社、2015年)
岡本　重慶　「五高出身者たちの社会教育と森田療法 ─下村湖人らの『新風土』から水谷啓二らの『生活の発見』へ」(『第35回日本森田療法学会　プログラム・抄録集』所収、日本森田療法学会、2017年)
北原悌二郎　「次郎物語りの舞台」＜絵画＞ (『第61回二紀展』所収、社団法人二紀会、2007年)
高田里恵子　『男の子のための軍隊学習のススメ』(筑摩書房、2008年)
張　さつき　『父・木村素衛からの贈りもの』(未来社、1985年)
永杉　喜輔　「アメリカとヨーロッパの高校生」(『高崎高校新聞』第80号、1967年)
松田　高志　「いのちのシャワー ─人生・教育・平和を語る」(くだかけ社、1991年)
松田　高志　『いのち輝く子ら─心で見る教育入門』(NPO法人くだかけ会、2006年)
水谷　啓二　『あるがままに生きる　しあわせはあたり前の生活の中に』(白揚社、1971年)
渡辺　利夫　『神経症の時代 ─わが内なる森田正馬』(TBSブリタニカ、1996年)
和田　重正　『よい学校』(柏樹社、1971年)
和田　重正　『あしかび全集』第1～5巻 (柏樹社、1977年)

補遺
阿久津　聡　「《新刊紹介》野口周一著『ぐんまの社会教育 ─永杉喜輔のあゆみ』」(『群馬文化』第316号、群馬県地域文化研究協議会、2013年)
下村湖人生家保存会　『大いなる道 ─下村湖人生誕120年記念』(2004年)
　　　　　　　　　　『任運騰々 ─下村湖人生誕130年記念』(2014年)

# あとがき

　永杉喜輔先生に初めてお目にかかったのは、今から凡そ半世紀前、昭和41年（1966）12月25日のことであった。その年の9月初旬に、先生はNHKラジオの「人生読本」において「生きること」と題して下村湖人に学んだことをお話になられた（9月5～7日）。その放送を私の両親が聞き、「京大の哲学科を出た先生が便所掃除をさせられた話をしていた」と私に伝えてくれた。先生にとって「便所掃除」はキーワードなのである。

　中学1年のときに湖人の『次郎物語』に出会っていた私は、『定本　次郎物語』（池田書店、1958年）の巻末に先生が「次郎を見とどけた話」というエッセイをお書きになられていたことを覚えていた。折りも折り、先生は『毎日新聞』の投書欄に、上信電鉄の混雑する車内風景として、バンカラを気取った下駄履きの高校生に老人に席を譲るように話したところ素直に聞き入れてくれた、一方紳士風の男が窓から鞄を入れて席をとったのを注意しても聞き入れられなかった、という話題を寄せた（昭和41年6月2日付）。その下駄履きの高校生は私の同級生であった。12月初旬、定期試験の最中に、私はお堀端の高崎市立図書館で先生の『下村湖人 ―その人と作品』（講談社、1964年）を探し出し、無我夢中で読み、先生に感想を送ったのであった。それが12月25日の出会いに繋がったのである。

　それ以来、私は先生に師事するようになった。先生が醸し出す自由な雰囲気が魅力だった。当時の高崎高校生は東大に入ることに専念する仲間（それが悪いわけではないのだが）、出世のみを願う（と私には見えた）教師たちにうんざりしていた。そんななかで、『次郎物語』は私のバイブルとなり、先生は私にとって真に人生の教師であった。

　その後、私は大学で教育学ではなく東洋史学を学び、やがて短期大学に職を得ることができた。その後の教職生活では学生とともに歩むことをモットーとしてきたように思う。その背景には先生や湖人の存在があった。

　この十年間、ようやく下村湖人研究にいそしめるようになった。その

過程でいろいろなことがあった。私が湖人について学会発表をしたのが台湾の淡江大学で開催された国際学会であった（2008年）。その席上で質問をされた頼衍宏氏（静宜大学副教授）、頼氏から張季琳氏（中央研究院）の湖人研究に繋がった。

　精神科医であり作家である帚木蓬生（ははきぎほうせい）氏に『総統の防具』（日本経済新聞社、1996年）がある。主人公は駐在武官補佐官・香田光彦中尉（父はドイツ人、母は日本人）であり、彼は武蔵小金井の講習所で下村湖人に出会い、湖人の教えを受けるのである。私は、神奈川県相模原市の知的障害者らが入る「津久井やまゆり園」の惨劇（2016年7月26日）を端緒として、永杉先生の親友であった糸賀一雄について「糸賀一雄小論」を書いた。そこで『総統の防具』を引用し、ヒトラー統治下のドイツにおいて「精神病や知恵遅れの患者は、積極的に治療しなくてもいいという達示が内密に出され」、ミュンヘンの精神病院に勤務する雅彦（光彦の兄）は集中治療病院に送られる患者を乗せる移送車の前に幾たびも立ちふさがり、遂には親衛隊員に射殺されるのである。ベルリンに帰った光彦は、東郷大使から外交官としての武器は「知力」であることを聞かされ、湖人がその言葉をよく使っていたことを反芻するのである —と記した。私はこの小論を帚木氏にお送りしたところ、「香田中尉も泉下の湖人も喜んでいるはずです」というご返信をいただいた。私にとってこれほどの励ましはなかった。

　下村湖人生家の島英彰館長は独自に湖人の足跡を調査され、また生家を訪ねられた渡部治先生（淑徳大学名誉教授）の下村湖人論を紹介され、私はそこから貴重な示唆を得た。台湾の邱若山先生（静宜大学教授）も生家を訪問されたが、先生とは台湾の学会で旧知の間柄であった。邱先生は若き日に湖人のエッセイを中国語訳されていたことを知った。

　湖人生家といえば、現在その理事を務める山田直行先生（元佐賀女子短期大学学長、画家）の中学時代の恩師・川原與四郎先生（当時千代田町教育委員）は生家保存のために奔走し、当時の池田直知事（湖人の佐賀中学時代の教え子）に度々陳情を行った。川原先生は山田青年に「白鳥入芦花」「善行無轍跡」の思想を幾度も熱っぽく語ったという。その生家保存会発足式での記念講演を永杉先生が行った。それは昭和44年

(1969) 8月24日のことであり、すでに50年の歳月が流れている（永杉喜輔『永遠を生きる ―下村湖人の人と思想』、柏樹社、1969年、参照)。

　私が『次郎物語』に出会った50余年前とは状況も大きく変わった。高校生であった私は、永杉先生に「社会教育史に田澤や湖人のことを、先生は何故書くのですか」とお聞きしたところ、先生は即座に「私以外、誰も書かないからだよ」とお答になられた。しかし、今や上原直人氏が大著『近代日本公民教育思想と社会教育』（大学教育出版、2017年）に田澤や湖人について精緻な分析を行うまでになった。精神科医であり京都森田療法研究所を主宰する岡本重慶氏は、森田療法から湖人や永杉先生にアプローチされつつあり、その成果が期待される。

　かつて永杉先生は「困っている人がいるなら助けてあげたいな」と発言している。私は大学において「学生とともに在る」ことを念願としつつ、私が学び得たことを学生に伝えたいと思うものの、先生が90歳まで教壇に立たれたことに驚きを禁じ得ない。私にそこまでの体力・気力・知力はあるのか。先生にも欠点はあった。それを割り引いても、私は先生を超えることはできないことを実感する昨今である。だから私にとって「先生」なのであろう。

　本書は、旧稿を整理してくださった松岡良樹氏（元ソニー学園湘北短期大学事務局長）、装丁の原案に楽しんで「らくがき」をしてくださった山本博一氏（桐生大学短期大学部アート・デザイン学科准教授）、出版を快諾された柏木一男氏（世音社）、そのほかお名前はお一人お一人あげられないが多くの方々のいわば「友情」によって出来上がった。このことを幸いとすることを銘記して筆を置くことにする。

2018年2月20日

野口　周一

**著者紹介**

経歴：1950年（昭和25）生まれ。
慶応義塾大学文学部卒業、同大学院修士課程文学研究科修了、筑波大学大学院博士課程歴史・人類学研究科単位取得満期退学。新島学園女子短期大学国際文化学科教授、ソニー学園湘北短期大学保育学科教授、足利工業大学教職課程センター教授を経て現在桐生大学短期大学部生活科学科教授。

主要著作：『生きる力をはぐくむ ─永杉喜輔の教育哲学』
（開文社出版、2003年）
「下村湖人とあらたま社」
（『比較文化史研究』第11号、比較文化史学会、2010年）
「松居桃楼と台湾演劇」
（『アジア教育史学の開拓』所収、東洋書院、2012年）
『ぐんまの社会教育 ─永杉喜輔のあゆみ』
（みやま文庫、2013年）
「元寇！キミならどうする？ ─歴史教科書における『元寇』叙述をめぐって」
（『比較文化学の地平を拓く』所収、開文社出版、2014年）

担当教職科目：教育原理（育英短期大学）
教育原理、教育方法論、教育職業論、保育・教職実践演習（幼稚園）、教育実習指導（以上湘北短期大学）
教職論、教職実践演習、教育実習指導（以上足利工業大学）
教育学、教師論、教育実習指導、教職実践演習（以上桐生大学短期大学部）
初等社会概説、初等社会科教育法、東洋史概説（以上前橋国際大学）
東洋史、外国史（以上高崎経済大学）

## 永杉喜輔の教育思想
下村湖人・ルソーとともに

2018年3月21日　初版発行

著　者　　野口　周一

発行者　　柏木　一男

発行所　　世音社
　　　　　〒173-0037
　　　　　東京都板橋区小茂根 4-1-8-102
　　　　　TEL/FAX　03-5966-0649

ISBN978-4-921012-21-2　C1037